Cupcakes nutritivos

Cláudia Lobo

Cupcakes nutritivos

Mais de 50 receitas de bolinhos e coberturas
saudáveis, nutritivas e deliciosas

Com dicas e comentários da
nutricionista Cláudia Lobo

1ª edição
São Paulo
2013

Ícone editora

© Copyright 2013
Ícone Editora Ltda.

Dados Internacionais de Catalogação na Publicação (CIP)
(Câmara Brasileira do Livro, SP, Brasil)

Lobo, Cláudia
   Cupcakes nutritivos – mais de 50 receitas de bolinhos e coberturas saudáveis, nutritivas e deliciosas / Cláudia Lobo – 1ª ed. – São Paulo: Ícone, 2013.
   ISBN 978-85-274-1218-6
   1. *Cupcakes* (Culinária) 2. Receitas Culinárias I. Título.
12-12479   CDD-641.5

Índices para catálogo sistemático:
1. *Cupcakes*: Receitas: Culinária: Economia doméstica 641.5

Fotografias
Cláudia Lobo

Revisão
Juliana Biggi

Projeto gráfico, capa e diagramação
Richard Veiga

Proibida a reprodução total ou parcial desta obra, de qualquer forma ou meio eletrônico, mecânico, inclusive por meio de processos xerográficos, sem permissão expressa do editor (Lei nº 9.610/98).

Todos os direitos reservados à:
ÍCONE EDITORA LTDA.
Rua Anhanguera, 56 – Barra Funda
CEP: 01135-000 – São Paulo/SP
Fone/Fax.: (11) 3392-7771
www.iconeeditora.com.br
iconevendas@iconeeditora.com.br

Apresentação

Certa vez assisti a um desenho animado muito antigo, e foi um episódio muito interessante. O personagem principal era um pato, que tinha três sobrinhos patinhos. Certo dia, os três patinhos, muito espertos, bolaram um plano e fizeram muitas peripécias para conseguir dinheiro suficiente para comprar uma caixa de charutos sem que o tio soubesse. Conseguiram o dinheiro e compraram a caixa de charutos, mas o tio descobriu e, indignado, deu uma enorme bronca nos patinhos. Além disso, como castigo, os obrigou a fumar todos os charutos de uma só vez. Os patinhos, claro, obedeceram ao tio, fumaram os charutos todos e ficaram doentes, passaram muito mal. O tio, porém, ainda contente por ter dado uma lição nos sobrinhos, quase enfartou quando olhou para a caixa de charutos e leu nela uma dedicatória a ele próprio; nesse momento ele percebeu que todo o esforço dos sobrinhos para conseguirem dinheiro e comprarem a caixa de charutos era porque eles queriam presenteá-lo por ocasião de seu aniversário e não porque queriam fumá-los. Agora quem ficou doente de vergonha e arrependimento foi o tio, por sequer ter pensado na possibilidade de os charutos serem um presente (um presente horrível, em minha opinião, mas a história foi assim, fazer o quê?!).

Não lembro o final da história, mas o que me marcou foi perceber que constantemente reagimos a muitas situações que vivemos no nosso dia a dia exatamente igual ao pato da história. Pensamos e agimos de acordo com aquilo a que estamos acostumados a ver, pensar e sentir; de acordo com as nossas crenças e nossa cultura, quase nunca nos questionamos e quase sempre agimos e reagimos exatamente da mesma forma em todas as situações, como o pato da história, que, por ver seus sobrinhos com uma caixa de charutos nas mãos, logo imaginou: crianças + charutos = traquinagens. Solução: repreensão severa.

Isso que acabei de comentar é um exemplo de paradigma. Paradigma é um conjunto de evidências

implícitas, arraigadas ao nosso modo de ser, de viver e de pensar; o paradigma dirige nossas vidas sem ser questionado, muito menos contestado. Um paradigma é como um sistema inconsciente de crenças, hábitos e pensamentos de uma cultura. Vivemos e respiramos essas crenças, hábitos e pensamentos, interagimos e reagimos de acordo com eles.

Veja esse paradigma: há no mundo todo por volta de 6 bilhões de seres humanos, e desses, mais de um bilhão está acima do peso e mais de 300 milhões estão obesos. Nunca houve tanta informação e acessibilidade a essas informações como nessa era em que vivemos, nunca houve tantas pesquisas e nunca se soube tanto sobre alimentação, nutrição e hábitos saudáveis de vida, nem sobre os problemas advindos do excesso de peso e suas consequências à saúde, nunca se ensinou tanto e de formas tão diversas como prevenir e combater as doenças e óbitos relacionados à má alimentação, mas mesmo assim os números relacionados a eles continuam subindo de forma assustadora a cada dia. Por quê? Porque vivemos um paradigma antigo, que tem ditado a forma "normal" de as pessoas se alimentarem.

Um exemplo prático: você decide ir ao cinema, o que lhe vem à mente? (Além da companhia e do filme, claro!) Resposta: pipoca e refrigerante, com poucas variações; *happy hour* com os amigos: tábua de frios e cerveja; festa de criança: salgadinhos, bolo, docinhos e refrigerante; confraternizações: churrasco e cerveja ou pizza e refrigerante; passeio no *shopping*: fast-food, refrigerante e sorvete... Estas são simples associações ditadas pelo hábito, pelas convenções sociais. Agora, que tal lhe parece a ideia de levar para a sala do cinema um delicioso sanduíche de pão integral recheado com patê de beterraba e queijo fresco e aquele mega copo de suco de abacaxi com erva-cidreira, ou sair com a galera para comerem aquela pizza zucchini especial (de abobrinha com queijo *cottage* e massa fina integral) ou mesmo, quem sabe, mandar na lancheira da escola deliciosos *cupcakes* de brócolis para o lanche do filho?

É isso aí! Soa muito estranho, não é mesmo?!

Estamos tão habituados a uma alimentação cheia de açúcar, gordura e sódio, que fazem um mal danado à nossa saúde, que nem nos damos conta de que estamos fazendo as escolhas erradas por causa desse hábito adquirido e alimentado dia a dia pelo que vemos, escutamos, sentimos e, principalmente, porque todo mundo come igual a todo mundo.

Pensando sinceramente, todos nós sabemos que a nossa alimentação hoje está prejudicando a nossa própria saúde e a da nossa família e que nossas escolhas alimentares estão completamente erradas, mas um hábito assim tão arraigado ao nosso ser e ao nosso modo de viver, e de igual maneira tão bem aceito e compartilhado por todos aqueles que conhecemos, é muito difícil de ser mudado, quase impossível. Dificilmente alguém conseguirá manter um bom padrão alimentar com tanta pressão. Faça um teste, tente ser diferente das outras pessoas, tente manter-se em uma alimentação realmente saudável rica em frutas, verduras, legumes, cereais integrais, carnes magras etc. e você saberá sobre o que estou falando, pois sofrerá todo o constrangimento e sofrimento psicológico que possa causar o fato de ignorar o apelo efusivo, insistente, importuno em ser igual a todo mundo, em se alimentar errado como eles, mesmo sendo em seu próprio benefício.

E, assim, seguimos todos sofrendo em nossos próprios corpos as marcas da nossa complacência quanto às questões alimentares (sobrepeso, obesidade, diabetes, pressão alta, colesterol elevado etc.) e engrossamos a cada dia as estatísticas de morbimortalidade do nosso país perfeitamente evitáveis (até 90% dos óbitos anuais por doenças crônicas não transmissíveis poderiam ser evitados com alimentação adequada) decorrentes da má alimentação. Estamos todos agindo como aquelas lagartas de pinheiro que, quando colocadas uma atrás da outra em círculo, permanecem assim, uma seguindo o rabo da outra indefinidamente, mesmo tendo outras opções à sua volta.

Para mudar essa situação, somente mudando o paradigma em que se vive. Mas aqui surge a dificuldade desta questão: toda mudança de paradigma é dolorosa, difícil, exige ousadia e coragem, representa o caos dos hábitos cultivados por anos e anos de convivência em grupo, exige reorganização, redefinição de prioridades, redirecionamento de valores, maneiras diferentes de encarar o "comum", o "normal"; significa modificar rotinas, hábitos, destruir barreiras, sair da zona de conforto, abandonar velhas ideias, construir uma nova maneira de pensar, agir e se comportar, significa ser diferente da maioria, significa inovar.

Se pensarmos bem, os patinhos da história do início se esforçaram para agradar, para serem gentis, generosos e fazerem o tio feliz, dando-lhe um presente diferente; porém, seus esforços foram confundidos com uma tentativa vil de enganar, de praticar algo ilícito, fora dos padrões aceitáveis e por isso foram castigados severamente. Certamente, encontraremos em nossas vidas pessoas que se esforçarão para nos agradar, para serem gentis e nos fazerem mais felizes apresentando-nos novos caminhos, novas alternativas, pessoas que tentarão nos ensinar a sermos mais saudáveis para vivermos mais e melhor (quer presente maior e melhor que esse?) e, se não tivermos flexibilidade para mudar nossos paradigmas, só o que ouviremos delas serão palavras vazias soltas ao vento e que parecem não merecer nossa atenção.

Toda essa introdução serviu para o propósito de apresentar-lhe uma nova maneira de encarar a tão sonhada alimentação saudável que todos almejam, mas poucos conseguem ter.

Alimentação saudável está muito além da saladinha e filé de frango grelhado. Na verdade, ela poderá conter praticamente todos os alimentos que você costuma comer, já que é mais inclusiva do que exclusiva, ou seja, você irá incluir mais do que excluir alimentos do seu cardápio atual. Você descobrirá ainda que muitos alimentos para os quais você torce o nariz hoje podem ser deliciosos se preparados de forma não convencional, e que comer o que é saudável é muito mais prazeroso do que você imagina. Mas para isso você terá de mudar seus conceitos e paradigmas, e se dignar a, com persistência, sinceridade, criatividade e sem se deixar levar pelos velhos padrões, experimentar e incluir novos e variados alimentos e preparações pouco usuais na sua alimentação.

Exemplos de preparações saudáveis, nutritivas, fáceis de preparar e deliciosas estão aqui em suas mãos, pois esse livro traz para você e sua família receitas testadas e modernas de *cupcakes*, o bolinho da moda, nascidas da criatividade, da experimentação e do conhecimento.

Bom apetite e muita saúde!

Cláudia Lobo

Nutricionista;
Pós-graduanda em Gastronomia Funcional;
Especializada em Nutrição Humana e Saúde;
Especializada em Educação Infantil;
Autora do livro *Comida de criança – ajude seu filho a se alimentar bem sempre* – MG editores, 2010

Um pouco de história

Sempre gostei de saber as histórias relacionadas ao surgimento de cada tipo de alimento e achei a história dos hoje conhecidos *cupcakes* muito interessante.

Os *cupcakes* são bolinhos individuais que surgiram no Reino Unido há muito tempo e receberam originalmente o nome de *Fairy cakes* (bolos das fadas); muito utilizados para compor o cardápio do clássico chá das cinco daquela localidade. Eram preparados com massa de baunilha e cobertura de *fondant*, e nasceram da necessidade e criatividade dos cozinheiros da época, que buscaram uma maneira mais prática e rápida de preparar e assar bolos, o que na época era algo muito trabalhoso de se fazer, pois com aqueles fornos antigos e com a maneira rústica de medir os ingredientes em balanças, os bolos eram bem grandes e demoravam muito para assar. Então, inventaram uma maneira de medir os ingredientes e assar os bolos em xícaras (*cup*), ou mesmo em latas individuais, e a ideia pegou, deu muito certo, os bolinhos ficaram famosos.

A primeira referência ao termo *cupcake* apareceu em um livro de receitas de Eliza Leslie, publicado em 1828. Eliza Leslie nasceu na Filadélfia, mas passou a infância na Inglaterra, voltou depois de alguns anos aos Estados Unidos e alimentava o sonho de algum dia ver seu nome escrito nos jornais, o que para a época era algo realmente inusitado para uma mulher. Eliza começou a escrever avidamente, sobre o que seus conhecimentos obtidos pela educação formal em corte e costura e culinária lhe permitiam, e publicou em 1828, aos 40 anos de idade, o seu primeiro livro de culinária, *Receipts for Pastry, Cakes, and Sweetmeats*, mas não ousou colocar nele seu nome, apenas assinou como "uma senhora da Filadélfia", e é nesse livro que encontramos a referência aos *cupcakes*. Após o sucesso desse primeiro livro, outros foram publicados por ela sobre outros assuntos relacionados a comida em diferentes estâncias, etiqueta, histórias infantojuvenis, artigos para revistas femininas, agora já assumindo a autoria deles e colocando seu nome.

Assim, tornou-se uma celebridade em sua época e ficou conhecida como Miss Leslie. Na sua última década de vida sofria de excesso de peso e tinha dificuldade para andar, morreu aos 71 anos. (!)

A massa básica tradicional dos *cupcakes* é feita a partir de farinha, ovos, manteiga e açúcar, somadas à criatividade. No Brasil, esses bolinhos já viraram febre e não há doceria que não os venda. Foram evidentemente "abrasileirados", uma vez que a massa tradicional desses bolos é seca e as coberturas muito doces e eles aqui se tornaram mais leves, molhadinhos, alguns até recheados e com coberturas relativamente menos adocicadas. Mas esse tipo de iguaria, mesmo aqui no Brasil, pode chegar a equiparar-se a uma grande refeição em termos de caloria, dependendo do recheio e da cobertura utilizada, que em muitos casos são confeccionados com muita gordura e açúcar; os industrializados ainda são acrescidos de aditivos químicos, gordura hidrogenada e outros ingredientes para melhorar sabor, cor, consistência e aumentar a durabilidade. Resumindo: são belos docinhos cheios de calorias vazias (a maioria deles).

Uma ótima alternativa são as opções de *cupcakes* nutritivos; saborosos, bonitos, ricos em nutrientes e muito mais saudáveis que os tradicionais, cujas receitas você encontrará exatamente aqui nesse livro.

"A descoberta de uma nova receita faz mais pela felicidade do gênero humano do que a descoberta de uma estrela."

Jean-Anthelme Brillat-Savarin (1755-1826)

A meus pais. Meus heróis!

Agradeço àquele que É
e a meus filhos amados, Lucas e Beatriz.

Cláudia Lobo

Sumário

Receitas

Cupcake de abobrinha e aveia, 17

Cupcake de chocolate com brócolis, 19

Cupcake de cenoura, 22

Cupcake de maçã com canela, 24

Cupcake de ameixa, 26

Cupcake de banana, alface e uvas-passas, 28

Cupcake de cascas de legumes, 30

Cupcake de abóbora e couve, 32

Cupcake de castanhas e damasco, 36

Cupcake de queijo com goiabada, 41

Cupcake de pão integral e maçã, 45

Cupcake de chuchu e queijo, 49

Cupcake de couve-flor recheado com creme de chocolate, 52

Cupcake de mandioquinha com mamão, 54

Cupcake de couve, amêndoas e especiarias, 57

Cupcake de beterraba, 59

Cupcake de pêssego, 62

Cupcake de manga e alecrim, 65

Cupcake de inhame e linhaça, 69

Cupcake de pepino japonês, 72

Cupcake de abóbora com coco, 75

Cupcake de maçã com erva-doce, 77

Cupcake de melão recheado com purê de banana, 79

Cupcake de maracujá e salsão, 81

Cupcake de chocolate com pimenta, 83

Cupcake de abacaxi com couve-flor, 87

Cupcake de pera com limão, 89

Cupcake de Natal, 91

Cupcake salgado de frango com cenoura, 94

Cupcake salgado de arroz com legumes, 97

Cupcake salgado de pescada e pimentão, 100

Cupcake salgado de fígado e tomate, 102

Cupcake salgado de milho e manjericão, 105

Coberturas

Purê de batata-doce, 109

Purê doce de batata inglesa, 109

Purê doce de batata e cenoura, 110

Purê de batata e mandioquinha, 110

Purê de batata e beterraba, 111

Purê de batata com agrião, 111

Purê de batata-doce com chocolate, 112

Cream cheese doce, 112

Cream cheese com açúcar mascavo, 113

Cream cheese com chocolate, 113

Ricota doce, 114

Iogurte natural com mel, 114

Purê de castanhas, 115

Geleia de fruta, 115

Doce de leite em pó, 116

Doce de abóbora, 116

Fruta em calda, 117

Chocolate amargo, 117

Suspiro, 118

Cream cheese salgado, 118

Ricota salgada, 119

Iogurte natural e azeite, 119

Receitas

Observações gerais

- ✓ Você poderá utilizar qualquer fôrma para *cupcake* que tiver disponível. Para a realização das receitas contidas neste livro, foram utilizadas as de silicone individuais e as bandejas de silicone. Essas fôrmas não necessitam ser untadas e enfarinhadas e são muito práticas na hora de desenformar. Os bolinhos são colocados em formas de papel depois de prontos, o que é até interessante para eles não grudarem nelas.

- ✓ Se utilizar formas de flandres, alumínio ou outro metal revestido ou não, é necessário untá-las e enfarinhá-las para que a massa não grude.

- ✓ As formas de papel normalmente já vêm amanteigadas e prontas para receber a massa dos bolinhos, mas precisam ser colocadas dentro de outras formas de metal ou silicone para que não deformem sob o peso da mistura.

- ✓ A maioria das receitas descritas aqui é feita com açúcar, mas, se desejar enxugar calorias, substitua-o por adoçantes artificiais para forno e fogão. Fazendo assim você economiza entre 40 a 110 Kcal por bolinho, dependendo da receita. Da mesma forma, se a receita incluir adoçantes artificiais, você poderá substituí-los por açúcar, se preferir.

- ✓ Mel, açúcar mascavo, açúcar demerara, melado podem deixar o bolo um pouco mais cremoso mesmo depois de assado e também têm o poder adoçante um pouco menor que o açúcar cristal, mas são opções interessantes e inteligentes porque acrescentam ainda mais nutrientes às receitas, como ferro e vitaminas. Quanto às calorias, são equivalentes às do açúcar comum.

✓ As receitas encontradas nesse livro também servem como incentivo ao aproveitamento integral dos alimentos, ou seja, aproveitamento de partes dos alimentos habitual e desnecessariamente desprezadas como cascas, folhas e algumas sementes, que são tão ou mais nutritivas que a polpa deles.

✓ Você encontrará em cada receita o rendimento aproximado de cada preparação, podendo variar de acordo com o tamanho das formas que escolher. Encontrará também a quantidade de calorias correspondente a cada bolinho e suas características nutricionais gerais.

✓ Todas as preparações desse livro foram idealizadas para enriquecer a alimentação de adultos e crianças com boa saúde, sem necessidades especiais. As informações sobre as receitas conterem ou não ovos, lactose e glúten são meramente informativas e podem ser do interesse de algumas pessoas.

✓ O tempo de conservação dos bolos desse livro é pequeno, por não se utilizar nenhum tipo de conservante; portanto, são indicados para consumo imediato a até no máximo 24h após sua confecção. Quanto às coberturas, o ideal é o consumo imediato.

✓ Cada bolinho desse livro tem o peso médio de 60 g.

✓ Em todas as receitas, os legumes e frutas são utilizados com casca (devidamente lavadas e higienizadas).

✓ As calorias referidas em cada receita representam o bolinho sem cobertura.

✓ Livre-se dos preconceitos e paradigmas alimentares antigos e modernize-se. Ser saudável está na moda!

Cupcake de abobrinha e aveia

Rendimento: 7 bolinhos
Calorias: 182 Kcal cada
(se substituir o açúcar por adoçante artificial: 93 Kcal)

Ingredientes do bolinho:

- 1 ovo
- 1 colher de sopa de óleo de girassol
- Suco de 1/4 limão
- 1 xícara de chá de abobrinha verde crua com casca picada
- 5 colheres de sopa de açúcar cristal
- 1 pitada de sal
- 3 colheres de sopa de farelo de aveia
- 4 colheres de sopa de farinha de trigo
- 1 colher de sopa de fermento em pó

Ingredientes do recheio:

- 7 colheres de chá de geleia de mirtilo sem açúcar (ou do sabor que preferir)

Preparo:

Bata o ovo, o óleo, o limão, a abobrinha, o açúcar e o sal no liquidificador por 3 a 5 minutos. Acrescente aos poucos o farelo de aveia e depois, em outro recipiente, a farinha de trigo e por último o fermento, sem bater. Distribua a massa em forminhas para *cupcakes* ou *muffins*, coloque sobre cada um 1 colher de chá de geleia e leve ao forno médio preaquecido por 30 minutos ou até que, ao espetá-los com um palito, esse saia limpo. Espere esfriar e enfeite com coberturas a gosto (receitas p. 107) ou sirva-os como desejar.

Comentário:

A abobrinha é um legume rico em vitaminas do complexo B que auxilia o sistema nervoso na parte cognitiva, ativa a memória, o raciocínio e melhora a concentração, também possui ácido fólico, vitamina necessária para a prevenção de defeitos no tubo neural do feto em gestantes e para evitar anemia do tipo megaloblástico; é rica também em sais minerais como cálcio, fósforo e potássio que são indispensáveis no fortalecimento de dentes, ossos e articulações; além disso, ativa a circulação, ajuda a baixar os níveis de colesterol, glicose e a pressão sanguínea, é de fácil digestão, pouco calórica, vai bem em pratos doces e salgados e é rica em água também. A casca da abobrinha não deve ser desprezada, pois é bem fina, fácil de cozinhar e rica em vitaminas, sais minerais e fibras necessárias ao bom funcionamento intestinal, evitando a prisão de ventre.

Alimento fonte de energia, proteína, vitaminas, sais minerais e fibras. Sem lactose.

---

dica importante para todas as receitas de *cupcakes*

Coloque a massa dos *cupcakes* somente até ¾ das forminhas para não transbordarem ao irem ao forno, a não ser que a receita indique uma medida diferente.

Cupcake de chocolate com brócolis

Ingredientes:

- 1 ovo
- 1 clara de ovo
- 5 colheres de sopa de açúcar cristal
- 1 colher de sopa de cacau em pó
- 1 pitada de sal
- 1 xícara de chá de brócolis cozidos no vapor e picado
- 1 colher de sobremesa de essência de baunilha
- 1 colher de farinha de trigo integral
- 1 colher de sopa de farinha de trigo
- 1 colher de sopa de fermento em pó

Rendimento: 4 bolinhos
Calorias: 220 Kcal cada
(se substituir o açúcar por adoçante artificial: 88 Kcal)

Preparo:

Bata o ovo, a clara, o açúcar, o cacau em pó, o sal, o brócolis e a essência de baunilha no liquidificador acionando a tecla pulsar até liquefazer a mistura, depois deixe bater por 3 a 5 minutos ou até formar um líquido homogêneo. Em uma tigela, despeje o conteúdo do liquidificador e acrescente as farinhas e o fermento em pó, peneirados. Mexa delicadamente até incorporar todos os ingredientes. Distribua a massa em forminhas para *cupcakes* ou *muffins* e leve ao forno médio preaquecido por 30 minutos ou até, ao espetá-los com um palito, esse saia limpo. Espere esfriar, enfeite com coberturas a gosto (receitas p. 107) se preferir. Fica ótimo se servido com suco de fruta ou leite desnatado.

> Alimento fonte de energia, proteína, vitaminas, sais minerais, fibras e antioxidantes. Sem lactose.

Comentário 1:

O brócolis é um vegetal parente da couve-flor, repolho, nabo, couve, couve-de-bruxelas; rico em vitamina C, A, ácido fólico, cálcio, ferro, potássio, fibras e substâncias antioxidantes. Seu consumo regular, aliado à ingestão concomitante de alimentos fonte de vitamina C (frutas cítricas), auxilia na prevenção e controle da anemia ferropriva, a mais comum das anemias; fortalece o sistema imunológico, evita prisão de ventre, fortalece ossos e dentes, protege a visão, auxilia também a reprodução, a regulação da pressão sanguínea, a replicação celular, o bom funcionamento do sistema nervoso; ajuda a prevenir doenças relacionadas ao envelhecimento celular, age na prevenção de catarata, das doenças cardiovasculares, evita o aumento do colesterol sanguíneo e vários tipos de câncer, pois neutraliza os radicais livres que causam danos às células saudáveis. Pode ser utilizado integralmente: flores, folhas e caule em vários tipos de preparações salgadas ou doces. Seu cheiro forte e desagradável decorre do cozimento excessivo, portanto, não o deixe cozinhar muito.

Comentário 2:

O cacau em pó é uma opção melhor que o chocolate em pó por não conter açúcar em sua composição. Para utilizá-lo em outras receitas, tome o cuidado de acertar o açúcar, pois ele é mais amargo. Uma maior quantidade de cacau no chocolate, seja ele em pó ou barra, significa maior quantidade de elementos benéficos à saúde e menor quantidade dos nocivos, como açúcar e gordura em excesso; também significa a presença de antioxidantes, que são substâncias naturalmente presentes no cacau e que ajudam a combater os radicais livres, que participam do desenvolvimento de diversas doenças e envelhecimento precoce.

A utilização do chocolate em pó nas receitas é preferível ao achocolatado em pó por apresentar um pouco mais de cacau que esse último sendo, portanto, uma escolha mais saudável, além de conter menos açúcar em sua composição e deixar os bolos com uma cor mais bonita.

dica

Os legumes, quando cozidos no vapor, conservam melhor os nutrientes, são mais saudáveis, nutritivos e bonitos, pois essa forma de cozimento realça suas cores. Se você não dispõe de uma vaporeira (panela de cozinhar no vapor) em casa, você poderá improvisar uma colocando um escorredor de macarrão de metal dentro de uma panela maior com tampa com um pouco de água no fundo. Assim, você poderá colocar os legumes no escorredor de macarrão, levar a panela tampada ao fogo forte e deixar que os legumes cozinhem no vapor até estarem macios e cozidos no ponto que desejar. Também existem no mercado cestas dobráveis de aço inoxidável utilizadas para cozimento no vapor e que se adaptam a qualquer panela com tampa que você tenha em casa.

Cupcake de cenoura

Rendimento: 15 bolinhos
Calorias: 123 Kcal cada
(se substituir o açúcar por adoçante artificial: 83 Kcal)

Ingredientes:

- 3 ovos
- 3 colheres de sopa de óleo de girassol
- 1 colher de chá de essência de baunilha
- 2 xícaras de chá de cenouras cruas e com casca, picadas
- 1 xícara de chá de açúcar cristal
- 1 pitada de sal
- ½ xícara de chá de farelo de aveia
- 1 ½ xícara de chá de farinha de trigo
- 1 ½ colher de sopa de fermento em pó

Preparo:

Bata os ovos, o óleo, a essência de baunilha, a cenoura, o açúcar e o sal no liquidificador por 3 a 5 minutos. Acrescente aos poucos o farelo de aveia, depois a farinha de trigo e por último o fermento, todos peneirados, e misture até incorporar bem. Distribua a massa em forminhas para *cupcakes* ou *muffins* e leve ao forno médio preaquecido por 30 minutos ou até que, ao espetá-los com um palito, esse saia limpo. Espere esfriar, enfeite com coberturas a gosto (receitas p. 107) e sirva acompanhado por leite desnatado, suco de fruta ou iogurte natural.

Comentário:

A cenoura é um alimento muito comum e versátil, podendo ser utilizada integralmente, seja crua, cozida, em preparações doces, salgadas, sucos etc. É rica em betacaroteno, precursor da vitamina A, além de vitaminas do complexo B, fósforo, potássio, cálcio, ferro, magnésio, manganês, entre outros minerais e vitaminas, fibras e água. Esse legume, quando consumido regularmente e aliado a uma alimentação equilibrada e saudável, ajuda a manter a saúde dos olhos, pele, mucosas, contém propriedades antioxidantes relacionadas à prevenção de muitas doenças; também ajuda a fortalecer o sistema imunológico.

> Alimento fonte de energia, proteína, vitaminas, sais minerais, fibras. Sem lactose.

dica

> Você pode acrescentar aos *cupcakes* qualquer tipo de essência alimentícia ou mesmo não acrescentá-las. Elas servem para aromatizar os bolos e não são imprescindíveis às receitas. Você também poderá aromatizá-los de uma forma mais natural e saudável, utilizando raspas da casca de limão, de laranja ou lima, ervas secas ou frescas diversas, cravo, canela, anis, gengibre etc.

Cupcake de maçã com canela

Rendimento: 16 bolinhos
Calorias: 110 Kcal cada
(se substituir os açúcares por adoçante artificial: 52 Kcal)

Ingredientes:

- ✓ 1 ovo
- ✓ 2 colheres de sopa de óleo de girassol
- ✓ ½ xícara de chá de leite desnatado
- ✓ 1 colher de sobremesa de raspas de limão
- ✓ 1 colher de sobremesa de canela em pó
- ✓ 1 maçã com casca, picada
- ✓ 6 colheres de sopa de açúcar cristal
- ✓ ½ xícara de chá de açúcar mascavo
- ✓ 1 pitada de sal
- ✓ 7 colheres de sopa de farinha de trigo
- ✓ 1 colher de sopa de fermento em pó

Preparo:

Bata o ovo, o óleo, o leite desnatado, as raspas de limão, canela, a maçã picada, os açúcares e o sal no liquidificador por 3 a 5 minutos. Acrescente a farinha e o fermento peneirados e mexa até incorporar bem. Distribua a massa em forminhas para *cupcakes* ou *muffins* e leve ao forno médio preaquecido por 30 minutos ou até que, ao espetá-los com um palito, esse saia limpo. Espere esfriar, enfeite com coberturas a gosto (receitas p. 107) e sirva.

Comentário:

A maçã é uma fruta muito saborosa, muito nutritiva e pode ser consumida ao natural, cozida, assada, em diversos tipos de preparações doces e salgadas, sucos, chás etc. É uma fruta rica em fibras (principalmente quando apreciada com a casca, que é a forma ideal de consumo), em vitaminas do complexo B, ferro, fósforo. Relaciona-se, quando consumida regularmente e como parte de uma alimentação saudável e equilibrada, à regulação do sistema nervoso, ao crescimento, à formação de ossos, dentes, células sanguíneas, evita a queda de cabelos, fadiga, problemas digestivos e de pele, evita também a formação de coágulos sanguíneos relacionados a derrames cerebrais, é recomendada para prevenir a obesidade, diabetes, hipercolesterolemia, gota, reumatismo, problemas intestinais e de pele, alguns tipos de câncer e retarda o envelhecimento.

Alimento fonte de energia, proteína, vitaminas, sais minerais e fibras.

dica

Você pode servir os *cupcakes* que preparar em diversos tipos de situações e com certeza eles farão muito sucesso; é só caprichar nas receitas e nas coberturas. Sirva-os em aniversários, festas infantis, reuniões de amigos, confraternizações, festas corporativas, batizados, noivados, casamentos, chá da tarde, chá de bebê, despedidas de solteira, festas da escola, dê de presente etc.

Cupcake de ameixa

Ingredientes:

- ✓ 2 ovos
- ✓ 2 colheres de sopa de óleo de canola
- ✓ 1 xícara de chá de água
- ✓ 1 colher de sobremesa de raspas de limão
- ✓ 1 xícara de chá de ameixas secas sem caroços picadas
- ✓ 5 colheres de sopa de açúcar cristal
- ✓ 1 pitada de sal
- ✓ 6 colheres de sopa de farinha de trigo
- ✓ 1 colher de sopa de fermento em pó

Rendimento: 14 bolinhos
Calorias: 110 Kcal cada
(substituindo o açúcar por adoçante artificial: 70 Kcal)

Preparo:

Bata os ovos, o óleo, a água, as raspas de limão, as ameixas secas, o açúcar e o sal no liquidificador por 5 minutos. Acrescente a farinha e o fermento peneirados e mexa, sem bater, até incorporar bem. Distribua a massa em forminhas para *cupcakes* ou *muffins* e leve ao forno médio preaquecido por 30 minutos ou até que, ao espetá-los com um palito, esse saia limpo. Espere esfriar, enfeite com coberturas a gosto (receitas p. 107) e sirva.

Comentário:

As frutas secas são ótimas opções para lanches, passeios, sobremesa ou para aqueles momentos em que bate uma vontade irresistível de comer doces. Podem ser comidas puras ou acrescidas a vitaminas, leite, cereais matinais, iogurtes ou em bolos e doces, ou mesmo em preparações salgadas. As frutas secas mais comuns encontradas comercialmente são ameixa, uva, damasco, figo, banana, abacaxi, mamão, tâmara, pêra, maçã, laranja, limão, manga. Alguns nutrientes são perdidos durante o processo de desidratação das frutas, perde-se principalmente vitamina C e água, mas, ainda assim, as frutas secas são boas opções para variar o consumo de frutas. São ricas em fibras e ajudam no melhor funcionamento do intestino, ajudam também a exercitar a mastigação, a controlar a fome e ansiedade; devem, porém, ser consumidas em pequenas quantidades, pois são mais calóricas que suas versões originais devido a maior concentração de açúcares naturais da fruta. Podem ser utilizadas em substituição ao açúcar de adição em sucos, vitaminas, musses etc. Evite as versões acrescidas de açúcar, cristalizadas ou glaçadas, muitíssimo mais calóricas e menos saudáveis.

> Alimento fonte de energia, proteína, vitaminas, sais minerais e fibras. Sem lactose.

dica

> Você pode utilizar somente um ou vários tipos de frutas secas à sua escolha para preparar essa receita.

Cupcake de banana, alface e uvas-passas

Rendimento: 10 bolinhos
Calorias: 165 Kcal cada
(substituindo o açúcar por adoçante artificial: 110 Kcal)

Ingredientes:

- ✓ 1 ovo
- ✓ 1 colher de sopa de óleo de girassol
- ✓ 2 colheres de sopa de caldo de limão
- ✓ 1 banana nanica com casca picada
- ✓ 5 folhas de alface picadas
- ✓ 5 colheres de sopa de açúcar cristal
- ✓ 1 pitada de sal
- ✓ 6 colheres de sopa de farinha de trigo
- ✓ 1 colher de sopa de fermento em pó
- ✓ 5 colheres de sopa de uvas-passas sem sementes

Preparo:

Bata o ovo, o óleo, o caldo de limão, as bananas com casca picadas, a alface, o açúcar e o sal no liquidificador por 3 a 5 minutos. Acrescente a farinha e o fermento peneirados e mexa até incorporar bem. Passe as uvas em um pouco de farinha de trigo e misture-as delicadamente à massa. Distribua a massa em forminhas para *cupcakes* ou *muffins* e leve ao forno médio preaquecido por 30 minutos ou até que, ao espetá-los com um palito, esse saia limpo. Espere esfriar, enfeite com coberturas a gosto (receitas p. 107) e sirva.

Alimento fonte de energia, gordura benéfica, vitaminas, sais minerais, fibras. Sem lactose.

Comentário:

A banana é uma das frutas mais ricas em potássio, mineral que contribui para a função muscular, além de ser fonte de carboidratos de fácil digestão; é hipoalergênica, fonte de vitamina B6 que garante o bom funcionamento do sistema nervoso, imunológico e a produção de células sanguíneas. Além dos nutrientes citados, a banana contém cálcio, fósforo, magnésio, sódio, silício, enxofre, vitaminas A, C e várias do complexo B. Para os hipertensos em uso de medicamentos diuréticos, que causam grande perda de potássio, a banana é uma excelente fonte de reposição desse mineral, assim como o abacate.

dica

Há vários tamanhos diferentes de formas para *cupcakes* e você poderá utilizar qualquer um desses. O rendimento, evidentemente, será diferente dos apresentados nas receitas desse livro, mas o resultado será o mesmo.

Cupcake de cascas de legumes

Rendimento: 9 bolinhos

Calorias: 147 Kcal cada

(substituindo o açúcar por adoçante artificial: 74 Kcal)

Ingredientes:

- 1 ovo
- 1 colher de sopa de óleo de milho
- ½ xícara de chá de leite desnatado
- 1 xícara de chá de cascas de legumes cruas (beterraba, cenoura, beringela etc.)
- 6 colheres de sopa de açúcar cristal
- 1 pitada de sal
- 1 colher de chá de essência de baunilha
- 6 1/2 colheres de sopa de farinha de trigo
- 1 colher de sopa de fermento em pó

Preparo:

Bata o ovo, o óleo, o leite desnatado, as cascas dos legumes, o açúcar, o sal e a essência de baunilha no liquidificador por 3 a 5 minutos. Acrescente a farinha e o fermento peneirados e mexa até incorporar bem. Distribua a massa em forminhas para *cupcakes* ou *muffins* e leve ao forno médio preaquecido por 30 minutos ou até que, ao espetá-los com um palito, esse saia limpo. Espere esfriar, enfeite com coberturas a gosto (receitas p. 107) e sirva.

Alimento fonte de energia, proteína, vitaminas, sais minerais e fibras.

dica

Você poderá utilizar nessa receita um ou mais tipos de cascas de legumes e/ou frutas, assim como talos e folhas.

Comentário:

As cascas de frutas e legumes, na maioria das vezes desprezadas e jogadas fora, são muito ricas em vitaminas, sais minerais e fibras, muito saudáveis e benéficas à saúde e, em alguns casos, muito mais nutritivas que a própria polpa do alimento, como no caso do pepino, cuja casca é riquíssima em silício que previne o envelhecimento, pois incrementa a produção de colágeno da pele; a casca da maçã, que é muito mais rica em antioxidantes que a polpa e ajuda a combater os radicais livres que causam de envelhecimento a câncer; as folhas e talos do brócolis que têm muito mais proteínas e betacaroteno (precursor da vitamina A) que suas flores etc. Aproveite-as sempre. Você só tem a lucrar com isso.

Cupcake de abóbora e couve

Ingredientes:

- ✓ 1 ovo
- ✓ 1 colher de sopa de óleo de canola
- ✓ 1 colher de sopa de essência de baunilha
- ✓ 1 xícara de chá de abóbora madura cozida no vapor
- ✓ 1 xícara de chá de couve crua picada
- ✓ 5 colheres de sopa de açúcar cristal
- ✓ 1 ½ colher de sopa de cacau em pó
- ✓ 5 colheres de sopa de farinha de arroz
- ✓ 1 ½ colher de sopa de fermento em pó sem glúten

Rendimento: 7 bolinhos
Calorias: 175 Kcal cada
(substituindo o açúcar por adoçante artificial sem glúten: 97 Kcal)

Preparo:

Bata o ovo, o óleo, a essência de baunilha, a abóbora, a couve, 5 colheres de sopa de açúcar e o cacau em pó no liquidificador por 3 a 5 minutos, ou até obter uma mistura homogênea. Acrescente a farinha e o fermento peneirados e mexa até incorporar bem. Distribua a massa em forminhas para *cupcakes* ou *muffins* e leve ao forno médio preaquecido por 30 minutos ou até que, ao espetá-los com um palito, esse saia limpo. Espere esfriar, enfeite com coberturas a gosto (receitas p. 107) e sirva em seguida.

> Alimento fonte de energia, vitaminas, sais minerais e fibras. Sem lactose. Sem glúten.

Comentário 1:

A abóbora é rica em vitamina A, vitaminas do complexo B, vitamina C, fósforo, cálcio, potássio, silício, magnésio, ferro, cloro. É pouco calórica, digestiva, adstringente, anti-inflamatória, vermífuga, calmante, cicatrizante, diurética, laxante, emoliente, anti-hemorrágica. Pode se consumida crua, cozida, assada e com casca. Suas sementes não devem ser desprezadas, pois são muito ricas em fibras, além de serem fontes de potássio, vitamina A, E, zinco, potássio, magnésio, ferro e proteínas. Podem ser torradas ao forno e utilizadas como aperitivo, ou torradas e moídas até formar um pó que pode ser utilizado no preparo de farofas, bolos, biscoitos etc.

Comentário 2:

A couve é um vegetal excelente, rico em vitamina C e betacaroteno, tem também vitamina E, ácido fólico, cálcio, ferro, potássio e fibras, possui componentes que ajudam a prevenir o câncer.

Comentário 3:

O glúten é uma proteína encontrada no trigo, aveia, cevada, centeio e no malte.

Está na moda no mundo das dietas a restrição no consumo dos alimentos e preparações que contenham essa proteína, partindo do princípio de que essa conduta fará com que se perca aqueles quilinhos a mais, tão indesejáveis, e a busca por produtos e preparações que não a contenham aumentou muito nos últimos anos.

Na verdade, o que parece estar ocorrendo é mais uma busca desesperada por uma receita milagrosa e bem fácil que afaste de vez por todas o fantasma do peso extra na balança.

Então, vamos esclarecer as coisas: alimentos como os cereais citados acima e o malte de cereais, assim como seus derivados, não são os vilões da sua dieta alimentar, se você não apresenta nenhuma das doenças que contraindicam a utilização de tal proteína, que são: doença celíaca, dermatite herpetiforme, alergia ao glúten, sensibilidade ao glúten ou intolerância ao glúten não celíaca, doenças cujo diagnóstico clínico é de competência EXCLUSIVA DO MÉDICO e não da vizinha, personal, treinador, professor de ioga, amiga etc.

O que torna qualquer alimento, qualquer um mesmo, um verdadeiro terror de qualquer dieta para emagrecer ou para promover a saúde são os excessos.

Pense bem: alimentos que contêm glúten são pães em geral, bolos, macarrão, pizza, pastel, salgadinhos de festa, cerveja, uísque, gim, vodka, *ginger-ale*, ovomaltine, chocolate, *ketchup*, mostarda, maionese, temperos industrializados, patês enlatados, embutidos, algumas salsichas, proteína vegetal hidrolizada, extrato proteico vegetal, preparações à milanesa, queijos fundidos etc., então é desnecessário lembrar que todos eles são alimentos bastante calóricos que se consumidos em excesso causarão muitos problemas e, se eliminados da dieta, evidentemente haverá uma perda de peso, mas a que preço? Se a restrição não for bem controlada por um profissional habilitado (médico ou nutricionista), ao preço da sua saúde.

O trigo, aveia, cevada, centeio e seus derivados fazem parte do grupo de alimentos que nos fornecem o nutriente de que precisamos em maior quantidade (55 a 60% das calorias totais da dieta) na nossa dieta alimentar saudável e equilibrada para manter o corpo funcionando como deve, os carboidratos. Sim, nós precisamos muito deles e não, esses cereais citados não são as únicas fontes de que dispomos para nos fornecer esse nutriente tão importante; temos também arroz, batata, milho, mandioca, cará, inhame, quinoa, araruta e os derivados desses alimentos, que não contêm glúten, mas são equivalentes em calorias, portanto, substituir um alimento que contenha glúten por outro equivalente que não o contenha com a finalidade exclusiva de emagrecer não é uma troca inteligente na maioria dos casos.

Porém, para aqueles casos em que a pessoa COMPROVADAMENTE necessita restringir parcial ou totalmente o consumo de glúten devido a problemas de saúde, como citei anteriormente, ou mesmo para aqueles que já seguem uma dieta restrita nessa proteína e se sentem bem com ela, ou mesmo aqueles que apreciam uma grande variação dos alimentos consumidos, então algumas receitas desse livro irão ajudá-lo, pois são isentas de glúten como a que acabou de ler.

dica

Você encontra vários tipos de abóbora no mercado e qualquer uma delas poderá ser utilizada no preparo dessa receita, você só precisará tomar cuidado em verificar se a massa não ficou muito mole, pois algumas abóboras possuem mais água em sua constituição que outras, e também se não há necessidade de acertar o açúcar.

Cupcake de castanhas e damasco

Rendimento: 15 bolinhos
Calorias: 211 Kcal cada
(substituindo o açúcar por adoçante artificial: 131 Kcal)

Ingredientes:

- ✓ 1 xícara de chá de castanhas e nozes diversas
- ✓ 1 xícara de chá de leite desnatado
- ✓ 1 ovo
- ✓ 1 xícara de chá de damascos secos picados
- ✓ ½ xícara de água
- ✓ 2 colheres de sopa de farelo de aveia
- ✓ 12 colheres de sopa de açúcar cristal
- ✓ 5 colheres de sopa de farinha de trigo
- ✓ 1 colher de sopa de fermento em pó

Preparo:

Deixar as castanhas de molho no leite por 30 minutos. Bata o leite com as castanhas, o ovo, os damascos, água, farelo de aveia e o açúcar no liquidificador por 3 a 5 minutos. Acrescente a farinha e o fermento peneirados e mexa até incorporar bem. Distribua a massa em formas para *cupcakes* ou *muffins* e leve ao forno médio preaquecido por 30 minutos ou até que, ao espetá-los com um palito, esse saia limpo. Espere esfriar, enfeite com coberturas a gosto (receitas p. 107) e sirva.

> Alimento fonte de energia, proteínas, gorduras benéficas, vitaminas, sais minerais e fibras.

Comentário 1:

As nozes, castanhas e sementes como a de abóbora, girassol etc., apesar de bastante calóricas, são muito nutritivas e devem sim fazer parte da nossa dieta habitual. De maneira geral, possuem muitos nutrientes como proteínas, vitaminas, sais minerais e gorduras de ótima qualidade que, além de agradar o paladar, fazem bem ao coração e podem evitar muitas outras doenças por serem ricas em substâncias antioxidantes. A porção diária recomendada é pequena, mas faz muita diferença na qualidade da alimentação.

Você poderá utilizá-las a qualquer hora do dia, apreciá-las puras ou como ingrediente em preparações doces, salgadas, em saladas, substituindo a carne algumas vezes, enfim, utilize-as sempre, mas com moderação.

✓ **Castanha-do-pará:** rica em selênio, mineral com grande poder antioxidante que traz benefícios à saúde em todas as idades, previne e auxilia no tratamento de doenças como hipertensão arterial, envelhecimento precoce, hipercolesterolemia, doença de

Alzheimer, fortalece o sistema imunológico; é ainda rica em outros minerais como cálcio e magnésio, que mantêm a saúde dos ossos e dentes em formação, além de zinco que está relacionado a vários processos metabólicos importantes no nosso organismo, aumenta a imunidade contra diversas doenças, é essencial para a manutenção adequada da pele, visão, olfato, paladar, cabelos e regulação do apetite, entre outros; fonte de vitamina A, do complexo B e fibras.

✓ **Nozes**: ricas em gordura monoinsaturada benéfica para a saúde cardiovascular, também em antioxidantes que combatem o excesso de radicais livres responsáveis pelo desenvolvimento de inúmeras doenças e envelhecimento precoce; saciam a fome, são fontes de proteína, gorduras benéficas poli-insaturadas, cálcio, magnésio, zinco e fibras.

✓ **Castanha-de-caju**: auxilia na circulação sanguínea, ajuda a prevenir osteoporose, ajuda a manter o ritmo dos batimentos cardíacos, pode ter efeito calmante; fonte de cálcio, zinco, fósforo, potássio, magnésio e vitaminas do complexo B.

✓ **Amêndoas**: auxiliam a circulação sanguínea e a saúde do coração, ajudam no emagrecimento, possuem antioxidantes poderosos, ajudam a combater o mau colesterol; ricas em cálcio, fósforo, magnésio, potássio, vitamina E.

✓ **Amendoim**: é uma leguminosa da família dos feijões, ervilhas, soja e grão-de-bico. Rico em proteínas, gorduras benéficas, ácido fólico, cobre, triptofano, magnésio e vitaminas do complexo B. Protege o coração, faz bem à pele, atua no controle da hipercolesterolemia e hipertensão arterial. Pode e deve ser consumido, mas com certo cuidado devido à presença de aflatoxina, uma substância potencialmente cancerígena produzida por fungo; procure sempre comprar os que trazem na embalagem o selo de qualidade da Abicab, a Associação Brasileira da Indústria de Chocolate, Cacau, Amendoim, Balas e Derivados.

✓ **Avelã**: rica em gorduras "do bem", antioxidantes e potente anti-inflamatório.

Comentário 2:

Quando as pessoas estão tentando mudar seus próprios hábitos alimentares e principalmente tentando fazer com que os filhos aprendam a ter esses bons hábitos surgem as famosas justificativas que tanto aliviam a consciência, mas que no fundo não enganam ninguém, nem mesmo a quem se justificou, se for sincero. Por exemplo, "eu compro bolacha recheada, mas sempre escolho as que não têm gordura *trans*" – o problema das bolachas recheadas, além do fato de tomarem o lugar de alimentos mais saudáveis e nutritivos, não é somente a gordura *trans*, mas também a quantidade de gorduras totais, de açúcar, sódio e os aditivos químicos que ela possui. Além do que, se você ler no rótulo o tamanho da porção que não contém a tal gordura *trans*, verá que é de normalmente 2 ou 2,5 unidades; se você comer 3, 4 ou 6 dessas bolachas, pode apostar que estará consumindo a tal gordura *trans*, pois a indústria só precisa declarar a presença dela se sua quantidade por porção sugerida ultrapassar 0,2 g; portanto, se você come uma porção maior que a especificada no rótulo, não há garantias de que você não esteja consumindo quantidades significativas de gorduras *trans*. Esse fenômeno não acontece somente com as bolachas recheadas, todo produto que contém gordura vegetal hidrogenada em sua composição não é totalmente livre de gordura *trans*, somente é declarado que naquela porção sugerida não tem a presença de mais de 0,2 g dela.

Outra desculpa esfarrapada: "Eu me alimento bem, como salada, legumes e frutas." – mas, quando você vai ver, essa pessoa come alface com tomate duas vezes na semana e banana de vez em quando, e realmente acredita que está fazendo o certo e se acha muito saudável. Tem ainda aqueles que adoram salada... de maionese, ou... de batata (que é carboidrato como o arroz, a mandioca), ou de milho (que é cereal, substitui o arroz), ou palmito que é gostoso, nutritivo, mas por ser uma conserva contém muito sódio que faz mal para a pressão e para os rins quando em excesso)... O ideal é comer, pelo menos, 3 porções de fruta e 5 de hortaliças DIARIAMENTE.

Outra pérola: "Não como fruta, mas tomo suco todos os dias" – geralmente se esquecendo de dizer que o suco que toma é o de caixinha, que tem apenas 50% de fruta e duas a três vezes mais açúcar que um suco natural feito em casa, sem contar os aditivos químicos "naturalmente" adicionados em alguns, ou o de pozinho, que de fruta só tem umas poucas partículas, quando têm, mas são ricos em açúcar, corantes e companhia.

Se você realmente deseja ter uma alimentação saudável, equilibrada e de qualidade, talvez uma das primeiras mudanças no seu paradigma antigo é parar de justificar seus erros, exageros e escolhas alimentares e alterá-los, o que não significa necessariamente aboli-los completamente do seu cardápio, apenas dosá-los. (E que essa informação não sirva como mais uma justificativa para seus deslizes se esses forem constantes, diários – "… mas a nutricionista falou que eu não preciso parar de comer o que eu gosto…" – muito cuidado!)

dica

Deixar de molho as castanhas em leite ou água serve para deixá-las um pouco mais macias e facilitar sua agregação aos demais ingredientes das receitas. As frutas secas ajudam a adoçar a receita, diminuindo a quantidade de açúcar necessária e dão um gostinho todo especial e diferente, além de incrementar a receita com suas outras propriedades nutricionais já comentadas.

Cupcake de queijo com goiabada

Ingredientes:

- 1 ovo
- 1 colher de sopa de óleo de canola
- 4 colheres de sopa de queijo *cottage*
- 4 colheres de sopa de açúcar cristal
- 3 colheres de sopa de farinha de trigo
- 1 colher de sopa de fermento em pó
- 1 fatia de goiabada picada em cubinhos
- 1 colher de sopa de farinha de trigo

Rendimento: 5 bolinhos
Calorias: 210 Kcal cada
(substituindo o açúcar por adoçante: 122 Kcal)

Preparo:

Bata o ovo, o óleo, o queijo e o açúcar no liquidificador por 3 minutos. Acrescente a farinha e o fermento peneirados e mexa até incorporar bem. Junte à massa os cubinhos de goiabada passados em farinha de trigo. Distribua a massa em forminhas para *cupcakes* ou *muffins*, encha até 2/3 de cada forma, e leve ao forno médio preaquecido por 30 minutos ou até que, ao espetá-los com um palito, esse saia limpo. Espere esfriar, enfeite com coberturas a gosto (receitas p. 107) e sirva.

Alimento fonte de energia, proteínas, vitaminas e sais minerais.

Comentário 1:

Os queijos são alimentos muito saborosos e fontes de proteína e cálcio e devem estar presentes na alimentação de adultos e crianças. Como existe uma grande variedade de queijos no mercado, prefira sempre os brancos (minas fresco, ricota, *cottage*) e dê preferência aos *light* com menor quantidade de gordura e sal. Quanto aos queijos minas padrão, mussarela, queijo prato, provolone e outros queijos amarelos, prefira as versões *light* e os compre só de vez em quando.

Comentário 2:

É interessante falarmos um pouco também dos tipos diferentes de açúcar que encontramos. Para citar os mais comuns encontrados nos supermercados, temos o cristal, o refinado, o de confeiteiro, o mascavo, o demerara, o orgânico, o *light* e outros menos comuns.

O que os difere entre si é o refinamento, a finalidade a que se destinam e algumas características nutricionais.

Em termos de calorias, os tipos de açúcar são muitíssimos parecidos, com exceção do açúcar *light*, que é parte açúcar e parte um tipo de adoçante que aumenta o dulçor em até 600 vezes, economizando em calorias.

O açúcar mascavo é o açúcar sem refinamento, por isso possui uma qualidade nutricional melhor que os refinados; é menos doce que o açúcar cristal e conserva as vitaminas e minerais que são perdidos no processo de beneficiamento do açúcar.

O orgânico assemelha-se ao mascavo, com o diferencial de o cultivo da cana que deu origem a ele ter sido feito sem fertilizantes ou agrotóxicos e de forma sustentável.

O açúcar demerara assemelha-se ao mascavo também, porém é mais doce por ser mais desidratado.

O açúcar cristal é um açúcar beneficiado, com refinamento, e não possui nenhum tipo de nutriente além do carboidrato simples: sacarose.

O açúcar refinado é semelhante ao cristal, porém mais refinado ainda.

O açúcar de confeiteiro é muito utilizado, como o próprio nome já diz, em produtos de confeitaria e é ainda mais refinado que o açúcar refinado. Algumas indústrias acrescem a ele um pouco de amido para que os grãozinhos de açúcar não grudem uns aos outros. Como nutriente, o açúcar de confeiteiro só possui carboidrato simples (sacarose) e um pouco de carboidrato complexo (amido, no caso daqueles que são acrescidos dele) e nada mais, além de calorias, é claro.

Uma observação: você encontra açúcar de forma muito óbvia em muitos alimentos, como nos doces, ou pode encontrá-lo em alguns alimentos que talvez você nem imagine, como em pães salgados, molho de tomate pronto, extrato de tomate, bolachas salgadas, massas para pizza, maionese, mostarda, *ketchup*, ervilha e milho em conserva, picles e patês etc. Para saber com certeza se um determinado alimento contém ou não açúcar em sua composição, você precisa ler o rótulo dos alimentos.

Comentário 3:

E, por falar em açúcar, não poderíamos deixar de falar sobre "comida de criança".

Há uma crença muito antiga e muito errada de que "comida de criança" são todas aquelas guloseimas que elas vivem comendo, mas elas só vivem comendo essas bobagens porque os adultos as compram para elas. Esse é um paradigma que precisa ser mudado urgentemente.

Comida de criança É A ALIMENTAÇÃO SAUDÁVEL, equilibrada, capaz de fazê-la crescer e se desenvolver adequadamente com saúde e qualidade de vida.

O hábito de consumir regularmente as guloseimas erroneamente identificadas como "comida de criança" (balas, doces, frituras, chocolates, salsicha, macarrão instantâneo, refrigerantes etc.) pode destruir a saúde e a vida do seu filho e cabe a VOCÊ, adulto responsável, deixar isso acontecer ou não. Você escolhe, você decide.

dica

Mande um desses bolinhos sem cobertura e uma fruta ou suco natural de fruta na lancheira da escola de seu filho que, além de fazer um tremendo sucesso, o deixará bem alimentado.

Cupcake de pão integral e maçã

Rendimento: 15 bolinhos
Calorias: 80 Kcal cada
(substituindo o adoçante por açúcar: 124 Kcal)

Ingredientes:

- ✓ 3 ovos
- ✓ 2 xícaras de chá de sobras de pão integral rico em fibras picadas
- ✓ 1 ½ xícara de chá de leite desnatado
- ✓ 1 maçã com casca picada
- ✓ 6 ½ colheres de sopa de adoçante artificial próprio para forno e fogão
- ✓ Canela em pó a gosto
- ✓ 4 colheres de sopa de farinha de trigo
- ✓ 2 colheres de sopa de farinha de trigo integral
- ✓ 1 colher de sopa de fermento em pó

Preparo:

Bata os ovos, o pão, o leite, a maçã, o adoçante e a canela no liquidificador por 3 a 5 minutos. Acrescente a farinha e o fermento peneirados e mexa até incorporar bem. Distribua a massa em forminhas para *cupcakes* ou *muffins* e leve ao forno médio preaquecido por 30 minutos ou até que, ao espetá-los com um palito, esse saia limpo. Espere esfriar, enfeite com coberturas a gosto se preferir (receitas p. 107) e sirva.

Alimento fonte de energia, proteínas, vitaminas, sais minerais e fibras.

Comentário:

Nutricionalmente falando, as fibras não são consideradas um nutriente propriamente dito, pois apesar de serem carboidratos ou derivados de carboidratos não produzem energia significativa, elas contêm somente, como direi... fibra.

As fibras apresentam diferentes propriedades físicas, químicas e biológicas se comparadas aos outros nutrientes mas, semelhantemente a eles, são imprescindíveis para a nossa boa saúde.

Existem vários tipos de fibras. Em geral, é comum classificá-las com base em suas propriedades físicas e em seu efeito fisiológico, que tendem a ser baseados em sua solubilidade em água.

Dessa forma, pode-se classificá-las em solúveis, como as encontradas na aveia, cevada, feijões, frutas cítricas, maçãs, pêra, cenoura, entre outros, e insolúveis como as da farinha de trigo integral (utilizada na última receita), farelo de trigo, nozes e muitas frutas e hortaliças, principalmente se consumidas com casca.

As fibras, de modo geral, ajudam a reduzir o tempo que o alimento leva para transitar pelo intestino até ser eliminado através das fezes, e, por essa razão, são importantes para a manutenção do funcionamento normal do intestino.

As fibras também ajudam a evitar vários tipos de doenças, inclusive o câncer de cólon e o excesso de gordura no sangue. São benéficas para quem tem diabetes e ajudam a controlar o peso corporal, pois aumentam o poder de saciedade das refeições.

As fibras também estão relacionadas ao nosso bom humor. A prisão de ventre ou constipação intestinal atrapalha a síntese da serotonina, aquele neurotransmissor do bem-estar, que ficou famoso pelo fato de a necessidade de sua produção ser a causa de tantas mulheres serem malucas por chocolate, ajuda a controlar a ansiedade, depressão e tudo mais.

É no intestino que 90% da serotonina é produzida, não no cérebro, como pensa a maioria; então, quem não consome fibras fica sujeito à prisão de ventre e consequentemente a ficar literalmente enfezado, irritado, de mau humor, ansioso ou depressivo.

Um intestino preso também permite uma maior absorção de toxinas, xenobióticos e alérgenos alimentares, podendo ocasionar um processo inflamatório, além de um maior acúmulo de gordura visceral, que está relacionada à Síndrome Metabólica. Essa síndrome, anteriormente denominada Síndrome X, é caracterizada pela associação de fatores de risco para as doenças cardiovasculares, vasculares periféricas e diabetes, como resultado da alimentação inadequada e do sedentarismo, como a intolerância à glicose, pressão alta, níveis altos de colesterol ruim (LDL) e baixos do colesterol bom (HDL), aumento dos níveis de triglicérides e obesidade, especialmente a chamada obesidade central, que deixa o corpo com o formato de maçã e está associada à presença de gordura visceral, gordura em volta dos órgãos internos.

A obesidade, além de vários problemas que decorrem dela, também está associada a processos inflamatórios como a inflamação da camada interna dos vasos sanguíneos, o que favorece a instalação de doenças cardiovasculares. Bastam três desses fatores de risco estarem presentes concomitantemente num mesmo indivíduo para ele ser considerado portador de Síndrome Metabólica, que é grave e está matando muitas pessoas aqui no Brasil e no mundo.

O brasileiro, em geral, consome muito pouca fibra, muito menos do que é o recomendado, principalmente as crianças. Quanto mais você consumir alimentos *in natura* e/ou integrais, maior será a quantidade de fibras que estará ingerindo e isso é muito bom. Alimentos refinados, processados, beneficiados (não sei por que tem esse nome, o correto seria – desnutridos), industrializados em geral, perdem e muito seus conteúdos naturais de fibras, além de outros nutrientes importantes.

Um pequeno cuidado a tomar quando se começa a incrementar as refeições com maiores quantidades de fibras é aumentar também o consumo de água, ou seja, quanto mais fibra na alimentação, maior ingestão de água será necessária.

dica

Nessa receita foi utilizado adoçante para forno e fogão na mesma quantidade que seria usada para o açúcar como sugestão para pessoas que precisem restringir o açúcar da dieta por algum motivo médico. Se não houver restrição no seu caso pode-se utilizar açúcar, do tipo que preferir, ou mel. Para crianças, exceto as que necessitem de dietas restritas em açúcar, utilize açúcar, preferencialmente o mascavo, mel ou melado.

Cupcake de chuchu e queijo

Ingredientes:

- ✓ 1 ovo
- ✓ 1 colher de sopa de óleo de canola
- ✓ 2 xícaras de chá de chuchu com casca cozido no vapor
- ✓ 1 xícara de chá de queijo minas fresco
- ✓ 6 colheres de sopa de adoçante para forno e fogão
- ✓ 7 colheres de sopa de farinha de trigo
- ✓ 1 colher de sopa de fermento em pó

Rendimento: 7 bolinhos
Calorias: 140 Kcal cada
(substituindo o adoçante por açúcar: 235 Kcal)

Preparo:

Bata o ovo, o óleo, o chuchu, o queijo e o adoçante para forno e fogão no liquidificador por 3 a 5 minutos. Acrescente a farinha e o fermento peneirados e mexa até incorporar bem. Distribua a massa em forminhas para *cupcakes* ou *muffins* e leve ao forno médio preaquecido por 30 minutos, desligue o forno com os bolinhos ainda lá dentro e aguarde que esfriem, em seguida retire-os, espere esfriar e enfeite com coberturas a gosto se preferir (receitas p. 107).

Alimento fonte de energia, proteínas, vitaminas, sais minerais e fibras.

Comentário 1:

Chuchu não contém somente água como pensa a maioria das pessoas, é um legume fruto de sabor suave, sim, mas contém vitaminas A, C, potássio e é rico em fibras; é de fácil digestão e baixas calorias.

Pode e deve ser consumido com casca, que também é muito nutritiva e saborosa. Por ser rico em fibras e água, o chuchu é um alimento diurético, que ajuda a controlar a pressão arterial e melhora o funcionamento intestinal. Pode ser utilizado em preparações doces, salgadas, em saladas, sopas, pães etc.

Comentário 2:

Queijos são ótimas fontes de cálcio, mineral que tem várias funções no organismo, entre elas a construção e a manutenção óssea; porém, para otimizar o seu metabolismo, o cálcio precisa da vitamina D, que pode ser encontrada em alguns alimentos.

Existem poucas fontes alimentares naturais dessa vitamina, mas por volta de 90% das necessidades podem ser atingidas por exposição solar regular. A exposição solar, preferencialmente até as dez horas da manhã ou após as quatro horas da tarde, é capaz de penetrar na pele e converter um precursor de colesterol em vitamina D.

A carência de vitamina D relaciona-se, principalmente, com o desenvolvimento de doenças ósseas como a osteoporose, osteomalácia, osteopenia e raquitismo em crianças.

Em idosos, pode levar também a alterações musculares e aumento de quedas e fraturas. A carência de vitamina D também está relacionada com um maior risco de esclerose múltipla, câncer, doenças cardiovasculares e imunológicas.

Alguns fatores podem interferir na produção de vitamina D através dos raios solares na nossa pele, como, por exemplo, a idade — pessoas idosas produzem menos vitamina D. A cor da pele também influi, pessoas com pele mais escura, ou seja, com mais melanina, podem ter produção reduzida de vitamina D em até 99%.

dica

Se houver necessidade, qualquer uma das receitas apresentadas nesse livro poderá ter o açúcar substituído pelo adoçante próprio para forno e fogão, mas talvez o rendimento e o crescimento da massa fiquem um pouco diferentes.

Cupcake de couve-flor recheado com creme de chocolate

Rendimento: 8 bolinhos
Calorias: 133 Kcal cada
(substituindo o adoçante por açúcar: 290 Kcal)

Ingredientes bolinho:

- ✓ 1 ovo
- ✓ 2 colheres de sopa de óleo de milho
- ✓ ½ xícara de chá de leite desnatado
- ✓ 1 xícara de chá de couve-flor cozida no vapor
- ✓ 1 colher de sobremesa de raspas de limão
- ✓ 6 colheres de sopa de adoçante artificial para forno e fogão
- ✓ 4 colheres de sopa de amido de milho
- ✓ 2 colheres de sopa de farinha de trigo
- ✓ 1 ½ colheres de sopa de fermento em pó

Ingredientes recheio:

- ✓ 6 colheres de sopa de leite em pó desnatado
- ✓ 6 colheres de sopa de adoçante artificial em pó
- ✓ 1 colher de cacau em pó
- ✓ 6 colheres de sopa de água morna

Preparo:

Bata o ovo, o óleo, o leite desnatado, a couve-flor, as raspas de limão e o adoçante no liquidificador por 3 a 5 minutos. Acrescente o amido de milho, a farinha e o fermento peneirados e mexa até incorporar bem. Distribua metade da massa em forminhas para *cupcakes* ou *muffins*, misture todos os ingredientes do recheio até formar um creme espesso e com ele recheie cada um dos bolinhos. Cubra com o restante da massa e leve-os ao forno médio preaquecido por 30 minutos ou até que, ao espetá-los com um palito, esse saia limpo. Espere esfriar, enfeite com coberturas a gosto, se preferir (receitas p. 107) e sirva.

Alimento fonte de energia, proteínas, vitaminas, sais minerais e fibras.

Comentário:

A couve-flor pertence à família do brócolis, é uma inflorescência delicada e tenra e muito saborosa quando bem preparada. Rica em cálcio e fósforo, também em vitamina C, tem baixo conteúdo de sódio e poucas calorias. Como parte de uma alimentação saudável, apresenta ação laxante, anti-inflamatória, digestiva, auxilia na prevenção do diabetes, das úlceras gastroduodenais e alguns tipos de câncer.

dica

Para melhorar ainda mais a aparência dos seus *cupcakes* sem ter a necessidade de enfeitá-los com confeitos cheios de açúcar e corantes, você poderá usar e abusar das decorações artificiais, feitas de plástico, biscuits e outros materiais atóxicos que enfeitam, mas devem ser retirados antes do consumo.

Cupcake de mandioquinha com mamão

Ingredientes:

- ½ xícara de chá de água
- 1 colher de sopa de óleo de girassol
- 1 xícara de chá de mandioquinha crua com casca picada
- 3 colheres de sopa de açúcar cristal
- 1 colher de sopa de farinha de linhaça dourada
- 2 colheres de sopa de amido de milho
- 1 colher de sopa de fubá de milho
- 1 colher de sopa de fermento em pó sem glúten
- 6 pedaços de mamão sem casca cortado em cubos para rechear

Rendimento: 6 bolinhos
Calorias: 120 kcal cada
(substituindo o açúcar por adoçante: 65 Kcal)

Preparo:

Bata a água, o óleo, a mandioquinha, o açúcar e a farinha de linhaça no liquidificador até obter uma mistura homogênea. Acrescente o amido, o fubá e o fermento peneirados e mexa até incorporar bem. Distribua a massa em forminhas para *cupcakes* ou *muffins*, recheie cada um com um cubinho de mamão, de forma que a massa o cubra e leve-os ao forno médio preaquecido por 25 minutos mais ou menos. Espere esfriar, enfeite com coberturas a gosto (receitas p. 107) e sirva.

> Alimento fonte de energia, gordura benéfica, vitaminas, sais minerais e fibras. Sem ovos, sem lactose e sem glúten.

Comentário:

Na alimentação saudável não devemos abolir completamente as gorduras. As gorduras, lípides, óleos ou lipídeos dos alimentos (gorduras, para simplificar) fornecem ao nosso organismo os ácidos graxos essenciais, que nosso corpo não é capaz de produzir. Elas agem como carreadores de vitaminas A, D, E e K, ajudam a formar membranas e organelas das células, têm importante papel na função reprodutora, ajudam a formar o tecido cerebral, aumentam a palatabilidade dos alimentos e atuam no controle do excesso de colesterol no sangue. Mas existem as gorduras boas e as gorduras não tão boas para o nosso organismo.

O ideal é que toda a gordura ingerida seja controlada em termos de quantidade e qualidade. O excesso de qualquer tipo, boa ou ruim, pode trazer prejuízos à saúde. As saturadas devem se restringir a 10% do total de calorias diárias e as gorduras *trans*, de 0% até no máximo 2% (pois são péssimas para a saúde) e não concomitante às saturadas. O corpo precisa de pelo menos 20% de gorduras boas no total calórico diário.

O problema com as gorduras é que normalmente o seu consumo é maior do que o recomendado, então uma regra básica para consumir qualquer tipo de alimento e/ou nutriente para que se possa obter dele o que há de melhor e evitar que prejudique a saúde é a moderação, evitar os excessos. TODO EXCESSO É RUIM, seja do que for.

Calcule uma média de 2 colheres de sopa de óleo vegetal para cada membro da família para preparar as refeições de um dia inteiro e mais 2 colheres de sopa de azeite de oliva extravirgem para cada membro também para temperar as saladas ou outras preparações a frio.

Não se esqueça de contabilizar outros alimentos gordurosos como maionese, creme de leite, margarina, frituras etc., que devem ser incluídos no cálculo das quantidades de gorduras que podem ser consumidas por dia sem prejuízo para a saúde.

dica

Essa é uma bela versão de *cupcake* para servir em um encontro de amigos, capriche nas coberturas (p. 107) e terá um bolinho sofisticado, bonito, nutritivo e delicioso.

Cupcake de couve, amêndoas e especiarias

Ingredientes:

- ✓ 1 ovo
- ✓ ½ xícara de chá de água
- ✓ 22 amêndoas
- ✓ 2 colheres de sopa de cacau em pó
- ✓ 1 xícara de chá de couve crua picada
- ✓ 3 colheres de sopa de açúcar *light*
- ✓ Cravo, canela e gengibre em pó a gosto
- ✓ 4 colheres de sopa de farinha de trigo integral
- ✓ 1 colher de sopa de fermento em pó

Rendimento: 7 bolinhos
Calorias: 100 Kcal cada
(substituindo o açúcar *light* pelo tradicional: 210 Kcal)

Preparo:

Bata o ovo, a água, as amêndoas, o cacau, a couve picada, o açúcar *light* e as especiarias no liquidificador por 3 minutos. Acrescente a farinha e o fermento peneirados e mexa até incorporar bem. Distribua a massa em forminhas para *cupcakes* ou *muffins* e leve ao forno médio preaquecido por 30 minutos ou até que, ao espetá-los com um palito, esse saia limpo. Espere esfriar, enfeite com coberturas a gosto (receitas p. 107) e sirva.

Alimento fonte de energia, proteína, gorduras benéficas, vitaminas, sais minerais, antioxidantes e fibras. Sem lactose.

Comentário:

A couve é uma excelente fonte de betacaroteno, precursor da vitamina A, além de vitaminas C e E, é boa fonte de ácido fólico, ferro, potássio, cálcio e fibras. Incluída em uma alimentação saudável regular, a couve ajuda a prevenir a formação de radicais livres e, portanto, previne o envelhecimento e alguns tipos de câncer, faz bem ao trânsito intestinal, à saúde da pele e cabelos e ajuda na prevenção de anemias.

dica

Nas receitas dos *cupcakes*, no lugar da água você poderá utilizar leite desnatado, que aumentará a quantidade de cálcio e proteínas da receita, mas também aumentará um pouco as calorias. Da mesma forma, nas receitas deste livro que levam leite, este poderá ser substituído por água, ou até mesmo por suco de frutas ou de hortaliças.

Cupcake de beterraba

Rendimento: 10 bolinhos
Calorias: 177 Kcal cada
(substituindo o açúcar por adoçante artificial: 110 Kcal)

Ingredientes:

✓ 2 ovos

✓ 2 colheres de sopa de óleo de canola

✓ 1/4 xícara de chá de leite desnatado

✓ 1 xícara de chá de beterraba crua picada

✓ 1 colher de sobremesa de raspas de limão

✓ 6 colheres de sopa de açúcar cristal

✓ 3 colheres de sopa de açúcar mascavo

✓ 1 pitada de sal

✓ 6 colheres de sopa de farinha de trigo

✓ 1 colher de sopa de fermento em pó

Preparo:

Bata os ovos, o óleo, o leite desnatado, a beterraba, as raspas de limão, os açúcares e o sal no liquidificador por 3 a 5 minutos. Acrescente a farinha e o fermento peneirados e mexa até incorporar bem. Distribua a massa em forminhas para *cupcakes* ou *muffins* e leve-as ao forno médio preaquecido por 30 minutos ou até que, ao espetá-los com um palito, esse saia limpo. Espere esfriar, enfeite com coberturas a gosto (receitas p. 107) e sirva acompanhado de suco de acerola, goiaba, morango ou laranja.

Comentário 1:

A beterraba é uma excelente fonte de vitaminas A, C e do complexo B, além de ferro, fósforo, potássio, zinco e magnésio; rica também em açúcares e em antioxidantes que promovem a saúde do coração. Por ser rica em ferro é geralmente indicada para auxiliar na prevenção de anemia, mas é bom saber que esse mineral, quando proveniente de fontes vegetais, não é bem absorvido pelo organismo humano. Então, para aumentar sua absorção, recomenda-se a ingestão concomitante de alimentos ricos em vitamina C, presente nas frutas cítricas e muitos legumes e folhosos. (Obs.: a vitamina C dos alimentos normalmente é perdida com o aquecimento; portanto, prefira consumi-los *in natura*)

Comentário 2:

Em se tratando do que se observa na grande maioria das lancheiras trazidas de casa para a escola pelas crianças, ou dos lanches que se permitem que elas comprem nas cantinas, e também em vista do que essas crianças referem comer em seus outros lanches distribuídos ao longo do dia, atrevo-me a afirmar que elas não estão recebendo o aporte necessário da maioria dos nutrientes capazes de promover sua saúde.

Ao contrário, estão sendo bombardeadas diariamente com excessos de alguns nutrientes, calorias e outros elementos capazes de destruir sua saúde e qualidade de vida a médio e longos prazos, e, infelizmente, os pais estão sendo cúmplices nesse processo.

Sugestões de lanches saudáveis para você apresentar à escola de seu filho ou para você mesma prepará-los e colocá-los na lancheira dele:

✓ **Para beber:** suco de fruta natural, água de coco, iogurte de fruta, suco de caixinha tipo néctar (no máximo uma caixinha por dia), leite, leite fermentado, leite semidesnatado, leite de soja, frapê;

✓ **Fruta:** qualquer uma, desde que não precise de talher para cortá-la;

✓ **Pão:** integral, de leite, de forma, de milho, pão sírio, bisnaguinha integral, torradas, bolos simples feitos em casa, bolo de frutas ou legumes feitos em casa como esses *cupcakes*, bolachas doces ou salgadas sem recheio e sem gordura *trans*, salgados e tortas salgadas assados e feitos em casa ou por alguém de sua confiança, biscoitos caseiros, biscoitos de polvilho sem gordura *trans*, pão de queijo caseiro sem gordura hidrogenada;

✓ **Recheios:** ricota fresca *light*, queijo *cottage*, patês de legumes, peito de peru *light*, presunto magro, geleia de fruta caseira, margarina ou creme vegetal *light* sem gordura *trans*, requeijão cremoso sem a tal da *trans*, queijos brancos *light*, queijo mussarela *light*, queijo prato *light*.

Os lanches deverão ser caprichados, variados, saborosos e nutritivos, sempre.

Alimento fonte de energia, proteína, vitaminas, sais minerais e fibras.

dica

Para enfeitar ainda mais as coberturas de uma maneira mais saudável do que utilizando os confeitos coloridos feitos de açúcar e corantes, você poderá lançar mão das raspas de limão, laranja ou lima, castanhas, amêndoas ou nozes trituradas, frutas coloridas bem picadinhas ou inteiras, frutas secas picadas, farofa de linhaça e gergelim torrados, amendoim torrado, coco fresco ralado ou mesmo chocolate amargo picado ou em raspas.

Cupcake de pêssego

Ingredientes:

- ✓ 2 ovos
- ✓ 1 colher de sopa de óleo de girassol
- ✓ 1 xícara de chá de pêssego fresco com casca picado
- ✓ Raspas da casca de 1 laranja
- ✓ 6 colheres de sopa de açúcar cristal
- ✓ 3 colheres de sopa de farinha de trigo branca
- ✓ 2 colheres de sopa de farinha de trigo integral
- ✓ 1 colher de sopa de fermento em pó

Rendimento: 9 bolinhos
Calorias: 150 Kcal cada
(substituindo o açúcar por adoçante: 77 Kcal)

Preparo:

Bata os ovos, o óleo, o pêssego, as raspas de laranja e o açúcar no liquidificador por 3 minutos. Acrescente as farinhas e o fermento peneirados e mexa até incorporar bem. Distribua a massa em forminhas para *cupcakes* e leve ao forno médio preaquecido por 30 minutos ou até que, ao espetá-los com um palito, esse saia limpo. Espere esfriar, enfeite com coberturas a gosto (receitas p. 107) e sirva.

> Alimento fonte de energia, vitaminas e sais minerais. Sem lactose.

Comentário 1:

O pêssego é uma fruta suculenta por ser bastante rica em água, rica também em betacaroteno (precursor da vitamina A), vitamina C e fibras. Contém boas quantidades de potássio, ferro, fósforo, magnésio, zinco e cálcio, vitaminas K e E.

Essa fruta pode ajudar na formação e conservação do esmalte dos dentes, fortalece as mucosas, aumenta a imunidade, tem função antioxidante etc.

Comentário 2:

Por incrível que possa parecer, para uma boa nutrição é fundamental uma mastigação bem feita.

O ato de mastigar os alimentos serve para fragmentar, amassar, misturar esses alimentos, preparando-os para serem engolidos, dando assim continuidade ao processo de digestão destes.

Você já deve ter ouvido falar que a digestão começa na boca, o que é verdade. A mastigação bem feita induz a produção de saliva que, além de umedecer e lubrificar a massa alimentar facilitando a deglutição, possui enzimas auxiliares da digestão.

A boa mastigação também permite que o alimento fique mais tempo em contato com as papilas gustativas da língua, permitindo-lhe que sinta melhor o sabor dos alimentos. É muito comum acontecer de uma pessoa, que passa a mastigar melhor os alimentos, começar a gostar de alguns que antes imaginava não gostar.

Da mesma forma, pode também vir a não achar tão saboroso algum outro alimento que antes pensava adorar. Outro benefício é que a mastigação bem feita torna a digestão dos alimentos mais fácil, diminuindo boa parte dos problemas digestivos como azia, refluxo, indisposições gástricas em geral.

Alimento mal mastigado também será mal absorvido, o que fará você perder em absorção de nutrientes, além de não permitir que o cérebro receba estímulo eficaz e envie sua mensagem de saciedade, levando a exageros alimentares.

dica

Sempre que utilizar frutas frescas nas receitas, recomendo o consumo dos bolinhos o mais brevemente possível; quanto mais fresquinhos, melhor. Da mesma forma, as coberturas como as sugeridas nesse livro, que não contêm conservantes e estabilizantes, devem ser utilizadas logo após o preparo e consumidas a seguir.

Cupcake de manga e alecrim

Ingredientes:

- 2 ovos
- 1 colher de sopa de óleo de soja
- ½ xícara de chá de água
- 1 xícara de manga ainda firme com casca picada
- Alecrim fresco ou seco a gosto
- 6 colheres de sopa de açúcar cristal
- 6 colheres de sopa de farinha de trigo integral
- 1 colher de sopa de fermento em pó

Rendimento: 7 bolinhos
Calorias: 210 Kcal cada
(substituindo o açúcar por adoçante artificial: 115 Kcal)

Preparo:

Bata os ovos, o óleo, a água, a manga, o alecrim e o açúcar no liquidificador por 3 a 5 minutos. Acrescente a farinha e o fermento peneirados e mexa até incorporar bem. Distribua a massa em forminhas para *cupcakes* ou *muffins* e leve ao forno médio preaquecido por 30 minutos ou até que, ao espetá-los com um palito, esse saia limpo. Espere esfriar, enfeite com coberturas a gosto (receitas p. 107) e sirva.

Alimento fonte de energia, vitaminas, sais minerais e fibras. Sem lactose.

Comentário 1:

Fruta rica em carboidratos, betacaroteno (pró-vitamina A), vitamina C e várias do complexo B, ferro, fósforo, cálcio, potássio, magnésio e zinco, contém substâncias antioxidantes e fibras. A manga é boa para a pele, visão, é diurética, expectorante, ajuda a combater a acidez estomacal e a bronquite.

Comentário 2:

"*Diet*" versus "*Light*"

Produtos *Diet* e *Light* são muito conhecidos e apreciados pela maioria das pessoas que pretendem reduzir o açúcar (no caso dos *diet*) ou calorias (no caso dos *light*) da alimentação. Está correto pensar assim? Não. Alimentos *diet* ou dietéticos estão enquadrados entre os alimentos para fins especiais, e devem ser utilizados de acordo com o estado metabólico e fisiológico do indivíduo, pois apresentam restrição (diminuição parcial até quantidades insignificantes, ou remoção total) de, pelo menos, um dos ingredientes de sua formulação.

Quando me refiro à restrição de pelo menos um ingrediente, refiro-me a qualquer ingrediente, não necessariamente o açúcar; alimentos *diet* podem apresentar restrição de gorduras, proteínas e/ou sódio também, portanto, cuidado, antes de comprar lembre-se dessa informação e LEIA O RÓTULO do produto.

Uma confusão muito comum acontece entre os denominados produtos *diet* e aqueles que trazem no rótulo o termo "sem adição de açúcar". Essa informação "sem adição de açúcar" só quer dizer que o produto não foi acrescido de açúcar durante sua produção e embalagem, mas não garante que ele já não possua açúcar naturalmente em sua composição original.

Quanto a adquirir ou não alimentos *diet* para crianças, tome cuidado também, lembre-se de que esses produtos são fabricados para dietas com fins especiais, dietas em que seja necessário restringir certos nutrientes para manter a saúde, e em se tratando de alimentação infantil, se seu filho não tem nenhum problema que exija um tipo de dieta especial que inclua produtos dietéticos, prescritos por médico e orientados por um nutricionista, prefira os tradicionais (Esse conselho serve também para os adultos que não necessitam de dietas especiais.)

Os produtos *light* são aqueles que, quando comparados a um similar convencional, apresentam redução de no mínimo 25% de um determinado ingrediente, nutriente ou calorias, ou ainda de um nutriente ou ingrediente concomitantemente.

Para você saber a qual nutriente o *"light"* do produto que você pretende comprar se refere, você terá de LER O RÓTULO, é o melhor jeito.

E não se esqueça de olhar as quantidades dos outros nutrientes da formulação também, pois um produto pode ser considerado *light* por apresentar 25% de redução de carboidrato, por exemplo, mas pode ter aumentada sua quantidade de gordura saturada, quando comparado ao seu similar convencional, então é preciso prestar atenção aos rótulos.

Dica importante: se você tem dúvidas sobre se deve ou não escolher um produto *light* para comprar, pense nas razões que você teria para adquiri-lo. Se a razão for substituir um determinado alimento que você normalmente já consome por uma versão *light*, com uma quantidade menor de gorduras saturadas ou sódio, por exemplo, ou se para você essa troca é vantajosa por algum motivo de saúde, detectado pelo médico ou nutricionista, vá em frente, mas se você não tem o costume de consumir determinado alimento, mas pretende levá-lo para casa só porque ele é *light* e não engorda, cuidado, você estará acrescentando um alimento extra aos que habitualmente já consome e, consequentemente, estará consumindo quantidades extras de calorias e/ou outros nutrientes, isso pode ser desnecessário ou mesmo prejudicial à sua dieta alimentar, ou até mesmo à sua saúde.

Os produtos *light* vieram para ajudar a "enxugar" sua dieta de calorias ou outros nutrientes muitas vezes desnecessários ao seu plano alimentar e não para permitir que você possa comer uma porção maior de um determinado produto só porque ele é menos calórico que o original, aliás, não é só porque um produto é *light* que ele deve ser menos calórico, ele pode ter, por exemplo, 25% menos proteína na sua composição e uma quantidade maior de gordura, tornando-o mais calórico que o original e mesmo assim ser considerado *light*, então: LEIA O RÓTULO.

Na alimentação infantil, os produtos *light* são interessantes se apresentarem redução somente daqueles ingredientes que sabidamente quanto menos consumidos, melhor, como as gorduras saturadas, gorduras *trans* e sódio, ou quando forem recomendados por médico ou nutricionista.

dica

No lugar da água você pode usar a mesma medida para suco de fruta ou de vegetais, isso tornará seu *cupcake* ainda mais nutritivo.

Cupcake de inhame e linhaça

Ingredientes:

- ✓ 1 colher de sopa de óleo de soja
- ✓ ½ xícara de chá de água
- ✓ 2 colheres de sopa de farinha de linhaça
- ✓ 2 colheres de sopa de leite em pó desnatado
- ✓ 1 xícara de chá de inhame cru sem casca picado
- ✓ 5 colheres de sopa de açúcar cristal
- ✓ 4 colheres de sopa de farinha de trigo
- ✓ 1 colher de sopa de fermento em pó
- ✓ 8 ameixas secas sem caroço

Rendimento: 8 bolinhos
Calorias: 146 Kcal cada
(substituindo o açúcar por adoçante artificial: 78 Kcal)

Preparo:

Bata o óleo, a água, o inhame, a linhaça, o leite em pó e o açúcar no liquidificador por 3 a 5 minutos. Acrescente a farinha e o fermento peneirados e mexa até incorporar bem. Distribua metade da massa em forminhas para *cupcakes* ou *muffins*, coloque em cada uma 1 ameixa seca sem caroço inteira, cubra com o restante da massa e leve ao forno médio preaquecido por 30 minutos mais ou menos. Espere esfriar, enfeite com coberturas a gosto (receitas p. 107) e sirva.

Alimento fonte de energia, gorduras benéficas, vitaminas, sais minerais e fibras.

Comentário 1:

O inhame é uma raiz muito utilizada no norte e nordeste brasileiro, rico em vitamina C, B6, potássio, magnésio, carboidratos e bom conteúdo de fibras.

Pode ser utilizado na alimentação como fonte de carboidratos como o arroz, batata, milho, mandioca, macarrão.

Quanto aos benefícios do inhame à saúde, temos que, quando consumido regularmente e aliado a uma alimentação saudável e equilibrada, auxilia na diminuição de cólicas menstruais, da tensão pré-menstrual, dos sintomas da menopausa, parece auxiliar em dietas de emagrecimento, antienvelhecimento, combate radicais livres, reduz o nível de triglicérides e colesterol sanguíneo e também afecções cardiovasculares, aumenta a libido e a fertilidade em mulheres, tem ação anti-inflamatória e aumenta a imunidade.

Comentário 2:

As sementes de linhaça são ricas em ácido graxo Ômega-3 e Ômega-6 relacionados à prevenção de doenças cardiovasculares por redução dos níveis de LDL colesterol sanguíneo (conhecido como colesterol ruim), além de serem ricas em proteína, fibras, vitaminas e sais minerais, são consideradas alimentos funcionais pelos conhecidos benefícios que trazem à saúde, melhoram o funcionamento intestinal, auxiliam no controle da glicemia, têm propriedades antioxidantes e auxiliam na prevenção de alguns tipos de câncer.

Para obter os benefícios da linhaça a melhor forma é incluí-la em sua alimentação diária (1 a 2 colheres de sopa por dia), triturada ou moída na hora (ou em até três dias se estiverem acondicionadas em embalagem escura, fechada e sob refrigeração) e, como parte de uma alimentação saudável e equilibrada, pode ser acrescida a sucos, frutas, leite, iogurte ou como preferir.

dica

É interessante variar os tipos de óleo para o preparo dos alimentos. Por exemplo, intercalar o uso dos óleos de canola, soja e girassol, usando um tipo a cada dia, para obter os benefícios dos diferentes ácidos graxos neles presentes e atentar para a forma como eles são utilizados pois, para que um óleo permaneça saudável, é preciso que ele suporte temperaturas elevadas (180 a 200 graus) sem sofrer alterações em sua estrutura — o que não é observado no azeite de oliva, que oxida a uma temperatura de 180 graus. É melhor usar o azeite à mesa, cru. Já o óleo de amendoim e o de arroz são os que mais suportam o aquecimento, mantendo suas características, seguidos pelo de soja, milho, girassol e canola, com alguns intermediários.

Cupcake de pepino japonês

Ingredientes:

- ✓ 2 ovos
- ✓ 1 colher de sopa de óleo de girassol
- ✓ 1 xícara de chá de pepino japonês com casca picado
- ✓ 8 colheres de sopa de açúcar cristal
- ✓ 1 pitada de sal
- ✓ 4 colheres de sopa de farinha de trigo integral
- ✓ 2 colheres de sopa de farinha de trigo branca
- ✓ 1 colher de sopa de fermento em pó
- ✓ 12 morangos picados enfarinhados

Rendimento: 9 bolinhos
Calorias: 185 Kcal cada
(substituindo por adoçante artificial: 87 Kcal)

Preparo:

Bata os ovos, o óleo, o pepino, o açúcar e o sal no liquidificador por 3 a 5 minutos. Acrescente as farinhas e o fermento peneirados e mexa até incorporar bem, junte os morangos picados e enfarinhados, delicadamente. Distribua a massa em forminhas para *cupcakes* ou *muffins* e leve ao forno médio preaquecido por 30 minutos mais ou menos. Espere esfriar, enfeite com coberturas a gosto (receitas p. 107) e sirva.

Alimento fonte de energia, proteína, vitaminas, sais minerais e fibras. Sem lactose.

Comentário 1:

O pepino japonês é um alimento rico em fibras e flúor, tonifica o fígado, a vesícula biliar e os rins, muito utilizado na indústria cosmética pelos benefícios que traz à pele, é de fácil digestão, de sabor suave e pouco calórico. Deve ser consumido preferencialmente com a casca.

Comentário 2:

A maioria dos pais considera as recusas e preferências alimentares do filho como determinantes da sua alimentação regular; o que é recusado não é mais oferecido e as preferências são a base da sua alimentação diária, mesmo se as preferências representarem a única função de dar prazer ao paladar do filho sem favorecer sua nutrição, mesmo que tornem sua alimentação pouco variada e carente da maioria dos nutrientes necessários ao crescimento, desenvolvimento e função do organismo deste.

As recusas são naturais e fazem parte do desenvolvimento e amadurecimento dos hábitos alimentares e não devem ser encaradas como definitivas, mesmo se o alimento for recusado após a experimentação.

Um mesmo alimento só deve ser descartado da alimentação se tiver sido oferecido, experimentado e recusado (em dias, preparações, formas de preparo e temperados diferentemente) de 8 a 12 vezes; portanto, não tem sentido levar as recusas muito a sério ou achar que são determinantes imutáveis daquilo que o filho aceitará ou não comer.

As preferências alimentares também podem e devem ser respeitadas; porém, os pais devem tomar o cuidado e usar de bom senso para incluí-las dentro de um plano alimentar mais amplo que também deve incluir outros e variados tipos de alimentos e limitá-las a uma frequência adequada de consumo.

dica

Você poderá diversificar os tipos de farinhas utilizadas nas receitas (trigo, milho, soja, centeio etc.) podendo variar entre elas ou combiná-las, tomando cuidado somente com as quantidades utilizadas, pois algumas tornam a massa mais ou menos consistente. Lembre-se de que quanto mais variada a alimentação, melhor.

Cupcake de abóbora com coco

Ingredientes:

- 1 ovo
- 2 colheres de sopa de coco ralado parcialmente desengordurado e sem açúcar
- ½ xícara de chá de água
- 1 xícara de chá de abóbora moranga crua com casca, picada
- 6 colheres de sopa de açúcar cristal
- 1 pitada de sal
- 4 colheres de sopa de farinha de trigo integral
- 2 colheres de sopa de farinha de trigo branca
- 1 colher de sopa de fermento em pó

Rendimento: 7 bolinhos
Calorias: 215 Kcal cada
(substituindo o açúcar por adoçante artificial: 120 Kcal)

Preparo:

Bata o ovo, o coco ralado, a água, a abóbora, o açúcar e o sal no liquidificador por 3 a 5 minutos. Acrescente as farinhas e o fermento peneirados e mexa até incorporar bem. Distribua a massa em forminhas para *cupcakes* ou *muffins* e leve ao forno médio preaquecido por 30 minutos ou até que, ao espetá-los com um palito, esse saia limpo. Espere esfriar, enfeite com coberturas a gosto (receitas p. 107) e sirva.

Comentário:

A água é um dos elementos mais importantes para a manutenção da vida, nenhum outro tem tantas funções no organismo humano como ela, que ajuda no funcionamento normal do coração e na manutenção da pressão arterial dentro dos limites, auxilia na remoção de resíduos, toxinas e excessos de nutrientes do organismo, aumenta a capacidade de concentração, raciocínio e memória, está presente e influi na função dos músculos, articulações e ossos. A água participa também da digestão, absorção e transporte de nutrientes, serve de meio para inúmeros processos químicos, ajuda no processo de excreção dos metabólitos, servindo como solvente desses e diminuindo sua toxicidade, ajuda manter a temperatura do corpo, a proteger as células, os tecidos, sangue, saliva, suco gástrico, lágrima, etc., tudo no organismo humano é constituído por água em maior ou menor proporção.

> **Alimento fonte de energia, vitaminas, sais minerais e fibras. Sem lactose.**

dica

> Essa receita poderá ser feita utilizando-se outros tipos de abóbora à sua escolha, crua, cozida, assada ou mesmo sobras. Elas são ricas em betacaroteno, precursor da vitamina A que protege o corpo contra as doenças, pois fortalece o sistema imunológico e atua como antioxidante.

Cupcake de maçã com erva-doce

Rendimento: 8 bolinhos
Calorias: 165 Kcal cada
(substituindo o açúcar por adoçante artificial: 83 Kcal)

Ingredientes:

- 1 colher de sopa de óleo de soja
- 2 colheres de sopa de água
- 1 colher de sopa de sementes de linhaça
- 1 maçã com casca picada
- ½ xícara de chá de erva-doce fresca picada
- 5 colheres de sopa de açúcar cristal
- 1 pitada de sal
- 5 colheres de sopa de farinha de trigo
- 1 colher de sopa de fermento em pó
- 1 maçã com casca ralada
- 1 colher de sopa de açúcar

Preparo:

Bata o óleo, a água, a linhaça, a maçã, a erva-doce, o açúcar e o sal no liquidificador por 3 a 5 minutos. Acrescente a farinha e o fermento peneirados e mexa até incorporar bem. Junte delicadamente à massa a maçã ralada misturada com 1 colher de sopa de açúcar, distribua a massa em forminhas para *cupcakes* ou *muffins* e leve ao forno médio preaquecido por 30 minutos mais ou menos. Espere esfriar, enfeite com coberturas a gosto (receitas p. 107) e sirva.

Alimento fonte de energia, gordura benéfica, vitaminas, sais minerais e fibras. Sem ovos e sem lactose.

dica

A erva-doce pode ser utilizada de diversas maneiras na alimentação, em preparações doces ou salgadas, saladas, chás e sucos.

Comentário :

A erva-doce ou funcho é muito utilizada na culinária europeia, é muito saborosa e aromática, além de rica em fibras, vitamina C, ácido fólico, potássio e magnésio. Está relacionada a efeitos calmantes, expectorantes, antiespasmódicos e digestivos.

Cupcake de melão recheado com purê de banana

Ingredientes:

- ✓ 3 ovos
- ✓ 1 colher de sopa de óleo de girassol
- ✓ 1 xícara de chá de melão com casca picado
- ✓ 6 colheres de sopa de açúcar cristal
- ✓ 6 colheres de sopa de farinha de trigo
- ✓ 1 colher de sopa de fermento em pó
- ✓ 2 bananas nanicas amassadas
- ✓ 6 gotas de limão

Rendimento: 8 bolinhos
Calorias: 197 Kcal cada
(substituindo o açúcar por adoçante artificial: 115 Kcal)

Preparo:

Bata os ovos, o óleo, o melão e o açúcar no liquidificador por 3 a 5 minutos. Acrescente a farinha e o fermento peneirados e mexa até incorporar bem. Distribua metade da massa em forminhas para *cupcakes* ou *muffins*, em cada uma coloque um pouco da banana amassada com as gotas de limão, cubra com o restante da massa e leve ao forno médio preaquecido por 30 minutos. Espere esfriar, enfeite com coberturas a gosto (receitas p. 107) e sirva.

Comentário:

O melão é uma fruta rica em vitaminas A e C, poderosos antioxidantes e protetores do organismo, contem ferro, fósforo, cálcio e potássio, minerais importantes que atuam na prevenção da anemia, no metabolismo energético, construção e manutenção de ossos e dentes e funções musculares, além de outras funções. É um alimento muito rico em água, portanto, importante na hidratação do corpo e para o bom funcionamento renal.

Alimento fonte de energia, proteína, vitaminas, sais minerais e fibras. Sem lactose.

dica

Você poderá utilizar nessa receita qualquer das variedades de melão que podem ser encontradas.

Cupcake de maracujá e salsão

Rendimento: 20 bolinhos
Calorias: 67 Kcal cada
(substituindo o adoçante por açúcar: 100 Kcal)

Ingredientes:

- 3 ovos
- ½ xícara de chá de água
- 1 colher de sopa de óleo de milho
- 2 colheres de sopa de salsão picado
- ½ xícara de chá de caldo de maracujá (polpa de maracujá batida no liquidificador sem água e coada)
- 2 colheres de sopa de cacau em pó
- 6 colheres de sopa de adoçante artificial para forno e fogão
- 5 colheres de sopa de amido de milho
- 5 colheres de sopa de polvilho doce
- 1 1/2 colher de sopa de fermento em pó sem glúten
- 2 fatias de abacaxi picadas em pedacinhos pequenos

Preparo:

Bata os ovos, o óleo, o salsão, o caldo de maracujá, a água, o cacau em pó e o adoçante no liquidificador por 3 minutos. Acrescente o amido de milho, o polvilho e o fermento e mexa até incorporar bem. Misture à massa os pedacinhos de abacaxi picados e distribua-a em forminhas para *cupcakes* ou *muffins* e leve ao forno médio preaquecido por 30 minutos mais ou menos. Espere esfriar, enfeite com coberturas a gosto (receitas p. 107) e sirva.

Comentário 1:

A polpa do maracujá tem várias propriedades medicinais importantes para a saúde como o efeito calmante, sedativo e capaz de abaixar a pressão arterial, além de vermífugo. Rico em vitaminas B, C e A, além de sais minerais, tem efeitos antioxidantes e melhoram o funcionamento do organismo. A farinha feita a partir de sua casca é recomendada para ajudar a reduzir o nível glicêmico em diabéticos, mas, para obter seus benefícios, assim como o de qualquer outro alimento, seu consumo deverá ser regular como parte de uma alimentação saudável e equilibrada.

Comentário 2:

O salsão ou aipo é uma boa fonte de potássio, vitaminas C e do complexo B, auxilia no controle da pressão arterial, tem efeito anti-inflamatório, expectorante, entre outros.

> Alimento fonte de energia, proteína, antioxidantes, vitaminas, sais minerais e fibras. Sem lactose. Sem glúten.

dica

A utilização do cacau ou do chocolate em pó nas receitas pode ser uma maneira auxiliar para aumentar a aceitação dos *cupcakes* nutritivos por aqueles que estão no início das mudanças nos hábitos alimentares, por serem os bolos de chocolate os preferidos principalmente entre as crianças, mas também por muitos adultos. Toda reeducação alimentar deve ocorrer gradualmente e de forma prazerosa, agradável.

Cupcake de chocolate com pimenta

Ingredientes:

- ✓ 1 ovo
- ✓ 2 colheres de sopa de óleo de canola
- ✓ 1 xícara de chá de pimentão vermelho picado
- ✓ 1 colher de café de pimenta calabresa
- ✓ 3 colheres de sopa de chocolate em pó
- ✓ 6 colheres de sopa de açúcar cristal
- ✓ 6 colheres de sopa de farinha de trigo
- ✓ 1 colher de sopa de fermento em pó

Rendimento: 6 bolinhos
Calorias: 246 Kcal cada
(substituindo o açúcar por adoçante artificial: 136 Kcal)

Preparo:

Bata o ovo, o óleo, o pimentão, a pimenta, o chocolate em pó e o açúcar no liquidificador por 3 minutos. Acrescente a farinha e o fermento peneirados e mexa até incorporar bem. Distribua a massa em forminhas para *cupcakes* ou *muffins* e leve ao forno médio preaquecido por 30 minutos ou até que, ao espetá-los com um palito, esse saia limpo. Espere esfriar, enfeite com coberturas a gosto (receitas p. 107) e sirva.

> Alimento fonte de energia, proteína, vitaminas, sais minerais e fibras.

Comentário 1:

Afinal, em uma alimentação saudável, comer ou não comer chocolate? Na verdade, a Organização Mundial de Saúde (OMS) desaconselha qualquer tipo de consumo de doces, incluindo o chocolate, mesmo tendo em vista todas as pesquisas, embora não conclusivas, que alegam inúmeros benefícios do chocolate à saúde humana, mas, como para muitos o seu consumo é inevitável, então aqui estão alguns dos benefícios do chocolate amargo, que contém maior quantidade de cacau em sua composição e é de onde vêm as informações à respeito de seus benefícios à saúde, quando consumido em pequenas quantidades (as versões ao leite e branco não possuem todas essas propriedades):

✓ Contém vitaminas A, B, C, D e E, além de sais minerais como ferro e fósforo;

✓ Pode ser capaz de combater os radicais livres, retardando o envelhecimento, por conter antioxidantes;

✓ Ajuda no combate ao mau humor, depressão, ansiedade e estresse, por estimular a produção de serotonina, neurotransmissor que estimula os centros do prazer e do bem-estar;

✓ O consumo diário de 6 g de chocolate amargo parece reduzir os níveis de pressão arterial podendo diminuir, portanto, os casos de infarto e derrame, sem alterar o peso, as taxas de colesterol ou as taxas de açúcar no sangue, devido à presença de flavonoides presentes no cacau;

✓ Os polifenóis presentes no alimento podem impedir a oxidação do LDL, o conhecido mau colesterol;

✓ Parece ajudar a controlar os triglicérides sanguíneos e a aumentar o bom colesterol;

✓ Pode também favorecer o emagrecimento, atenuar a cirrose hepática e diminuir a ameaça de pré-eclâmpsia em gestantes;

✓ Pode melhorar o raciocínio e aplacar a fome.

Com relação aos malefícios de qualquer tipo de chocolate para a saúde, podemos citar:

✓ Alta concentração calórica, sendo, portanto, muito engordativo;

✓ Grande quantidade de açúcar e gordura em sua composição, podendo gerar obesidade e outras doenças crônicas não transmissíveis como diabetes, hipertensão arterial, dislipidemias, problemas cardiovasculares etc., quando consumido em quantidade além da recomendada;

✓ Pode causar dores de cabeça, devido a sua ação vasodilatadora;

✓ Pode causar reações alérgicas como irritações na pele, estômago e mucosa intestinal.

Comentário 2:

Não há um consenso sobre a quantidade de chocolate que poderá ser ingerida diariamente sem prejudicar a saúde, mas recomenda-se que não ultrapasse 30 g diários (1 a 4 "quadradinhos" de tablete, dependendo do tamanho), para indivíduos saudáveis. Porém, mais importante do que se fixar na quantidade é observar o tipo de chocolate a consumir, que deve ser do tipo amargo ou meio amargo, com no mínimo 50% de cacau, puros, sem qualquer tipo de recheio.

Bombons recheados, trufas, chocolate trufado, ao leite, etc., etc., etc. não entram nessa recomendação, devendo ser considerados dispensáveis a uma alimentação saudável como qualquer outro tipo de doce ou alimento gorduroso.

Além disso, a recomendação de consumo diário de chocolate não funciona se você deixar para consumir toda a sua cota da semana em um único dia, pois assim você estará consumindo em excesso todas as calorias, açúcares e gorduras que o chocolate contém (mesmo o do tipo amargo) e poderá sofrer na sua saúde as consequências desse consumo além do recomendado.

Ainda, para que não prejudique a saúde, as calorias, gorduras e açúcar advindos do consumo diário da porção permitida para o chocolate devem ser suprimidos de outras refeições.

dica

Esses *cupcakes* de chocolate com pimenta são uma ótima opção para presentear ou comemorar o dia dos namorados, aniversário de casamento, despedida de solteiro ou para sair da mesmice dos bolos convencionais.
Você poderá trocar a pimenta calabresa utilizada nessa receita por pimenta rosa, que tem um sabor suave e delicado, ou por pedacinhos de pimenta dedo-de-moça.

Cupcake de abacaxi com couve-flor

Ingredientes:

- 2 ovos
- ½ xícara de chá de água
- 1 xícara de chá de abacaxi picado
- 1 xícara de chá de couve-flor crua picada
- 1 colher de sopa de erva-cidreira fresca ou seca
- 6 colheres de sopa de açúcar cristal
- 1 pitada de sal
- 6 colheres de sopa de farinha de trigo
- 1 colher de sopa de fermento em pó

Rendimento: 10 bolinhos
Calorias: 246 Kcal cada
(substituindo o açúcar por adoçante artificial: 136 Kcal)

Preparo:

Bata os ovos, a água, o abacaxi, a couve-flor, a erva-cidreira, o açúcar e o sal no liquidificador por 3 a 5 minutos. Acrescente a farinha e o fermento peneirados e mexa até incorporar bem. Distribua a massa em forminhas para *cupcakes* ou *muffins* e leve ao forno médio preaquecido por 30 minutos ou até que, ao espetá-los com um palito, esse saia limpo. Espere esfriar, enfeite com coberturas a gosto (receitas p. 107) e sirva.

Comentário:

O abacaxi é um alimento rico em vitamina C, betacaroteno (provitamina A), vitaminas do complexo B e minerais como potássio, cálcio e manganês. Contém também uma enzima, a bromelina, capaz de auxiliar na digestão e na redução das inflamações. Ajuda a acelerar a cicatrização dos tecidos e nas tosses produtivas.

Alimento fonte de energia, proteína, vitaminas, sais minerais e fibras. Sem lactose. Baixo teor de gordura.

dica

Experimente acrescentar algumas especiarias, como cravo, canela, gengibre, noz-moscada, nessa receita e terá um bolinho diferente e ainda mais saboroso.

Cupcake de pera com limão

Ingredientes:

- 2 ovos
- 2 colheres de sopa de óleo de girassol
- Caldo de ½ limão
- 1 pera com casca picada
- 6 colheres de sopa de açúcar cristal
- 1 pitada de sal
- 6 colheres de sopa de farinha de trigo
- 1 colher de sopa de fermento em pó

Rendimento: 7 bolinhos
Calorias: 206 Kcal cada
(substituindo o açúcar por adoçante artificial: 112 Kcal)

Preparo:

Bata os ovos, o óleo, o caldo de limão, a pera, o açúcar e o sal no liquidificador por 3 a 5 minutos. Acrescente a farinha e o fermento peneirados e mexa até incorporar bem. Distribua a massa em forminhas para *cupcakes* ou *muffins* e leve ao forno médio preaquecido por 30 minutos ou até que, ao espetá-los com um palito, esse saia limpo. Espere esfriar, enfeite com coberturas a gosto (receitas p. 107) e sirva.

Comentário:

A pera é fruta rica em fibras, vitaminas A, C, potássio, fósforo, cálcio e ferro; auxilia na prisão de ventre, má digestão, na contração muscular, nos batimentos cardíacos, na prevenção de anemias e várias outras doenças carenciais e algumas doenças crônicas não transmissíveis, até mesmo alguns tipos de câncer.

Alimento fonte de energia, proteína, gordura benéfica, vitaminas, sais minerais. Sem lactose.

dica

Combine os *cupcakes* nutritivos com vários tipos diferentes de coberturas e terá variadas opções dessa iguaria; bonitas, saborosas e saudáveis.

Cupcake de Natal

Ingredientes:

- ✓ 3 ovos
- ✓ 2 colheres de sopa de óleo de canola
- ✓ ½ xícara de chá de leite desnatado
- ✓ 6 colheres de sopa de mel
- ✓ 3 colheres de sopa de açúcar cristal
- ✓ 1 pitada de canela em pó
- ✓ 1 pitada de gengibre em pó
- ✓ 1 pitada de sal
- ✓ 4 colheres de sopa de farinha de trigo branca
- ✓ 2 colheres de sopa de farinha de aveia
- ✓ 1 colher de sopa de fermento em pó
- ✓ 10 metades de nozes picadas
- ✓ 2 colheres de sopa de uvas-passas sem sementes

Rendimento: 8 bolinhos
Calorias: 245 Kcal cada
(substituindo o açúcar e o mel por adoçante: 163 Kcal)

Preparo:

Bata os ovos, o óleo, o leite desnatado, o mel, o açúcar, a canela, o gengibre e o sal no liquidificador por 3 minutos. Acrescente as farinhas e o fermento peneirados e mexa até incorporar bem. Junte as nozes picadas e as uvas-passas e distribua a massa em forminhas para *cupcakes* ou *muffins* e leve ao forno médio preaquecido por 30 minutos ou até que, ao espetá-los com um palito, esse saia limpo. Espere esfriar, enfeite com coberturas a gosto (receitas p. 107) e sirva.

> Alimento fonte de energia, proteína, gorduras benéficas, vitaminas, sais minerais e fibras.

Comentário:

Alimentos mágicos que garantem sozinhos a boa saúde do corpo e da mente ainda não foram descobertos. Quem deseja cuidar da saúde ainda vai precisar pensar em equilíbrio, variedade, qualidade, quantidade e frequência alimentar. Nenhum alimento é perfeito ou proibido, seus excessos é que são prejudiciais; conhecer e experimentar os diversos alimentos e preparações à nossa disposição é indispensável; mudanças não são tão difíceis quanto parecem, bastam a persistência e a maleabilidade. Proponho uma nova maneira de encarar a alimentação, que seja ela mais inclusiva (incluir novos e variados alimentos, diferentes dos habituais) do que exclusiva (deixar de comer aquilo que se gosta e que se está acostumado), essa nova maneira de pensar e encarar uma alimentação saudável pode mudar a sua vida:

✓ Experimente um alimento novo a cada dia e repita-o após 7 a 15 dias, por pelo menos 8 a 10 vezes com formas de preparo, temperos e preparações diferentes antes de descartá-lo do seu cardápio;

✓ Mastigue mais e melhor todos os alimentos;

✓ Exponha-se ao sol da manhã ou do final da tarde com regularidade;

✓ Fracione sua alimentação em 6 **pequenos** banquetes diários (café da manhã, lanches da manhã e da tarde, almoço, jantar e ceia);

✓ Restrinja as guloseimas, alimentos e preparações gordurosas, excesso de sal e açúcar e bebidas alcoólicas ao mínimo que conseguir sem lhe causar estresse, ansiedade e principalmente sem lhe desanimar a reeducar seus hábitos alimentares;

✓ Mantenha sempre uma boa postura corporal. Acredite, isso te ajudará e muito a ser mais saudável em vários aspectos;

✓ Beba muita água (pelo menos dois litros por dia);

✓ Não faça compras de supermercado quando estiver com fome;

✓ Diante da TV, computador ou games, beba água e fique longe dos petiscos;

✓ Consuma grande quantidade de legumes e verduras, o máximo e o mais coloridos que conseguir;

✓ Troque o pão e o arroz branco pelos integrais ricos em fibras;

✓ Troque o leite e seus derivados integrais por aqueles com menores teores de gorduras (exceto para crianças);

✓ Consuma carnes brancas sem pele ou couro, substituindo as carnes vermelhas e restringindo essas últimas a duas vezes por semana, em quantidades módicas;

✓ Pratique atividade física diariamente (no mínimo 30 minutos diários);

✓ Fora de casa, escolha sua alimentação com responsabilidade;

✓ Desenvolva a criatividade, busque novas formas gostosas, divertidas e saudáveis de se alimentar;

✓ Pratique a felicidade!

dica

Varie os diversos tipos de açúcares que podem ser utilizados nas receitas dos *cupcakes* nutritivos para obter sabores diferentes, escolha um deles, ou misture-os; você também tem a opção de utilizar mel, melado e adoçantes artificiais para forno e fogão se tiver necessidade.

Cupcake salgado de frango com cenoura

Rendimento: 6 bolinhos
Calorias: 165 Kcal cada

Ingredientes:

- ✓ 2 ovos
- ✓ ½ xícara de chá de água
- ✓ 1 xícara de chá de peito de frango temperado, cozido e picado
- ✓ 1 xícara de chá de cenoura crua com casca, picada
- ✓ 1 dente de alho
- ✓ 2 colheres de sopa de cebola crua picada
- ✓ Sal e cheiro-verde a gosto
- ✓ 2 colheres de farinha de trigo integral
- ✓ 4 colheres de sopa de farinha de trigo branca
- ✓ 1 colher de sopa de fermento em pó

Preparo:

Bata os ovos, a água, o frango cozido, a cenoura crua, o alho, a cebola, o sal e o cheiro-verde no liquidificador por 3 a 5 minutos. Acrescente as farinhas e o fermento peneirados e mexa até incorporar bem. Distribua a massa em forminhas para *cupcakes* ou *muffins* e leve ao forno médio preaquecido por 30 minutos ou até que, ao espetá-los com um palito, esse saia limpo. Espere esfriar, enfeite com coberturas a gosto se desejar (receitas p. 107) e sirva.

Alimento fonte de energia, proteínas, vitaminas, sais minerais e fibras.

Comentário:

As proteínas são nutrientes importantes ao organismo humano, pelo fato de, além de serem fontes de energia, também terem outras várias funções importantíssimas no organismo humano como a função plástica.

Veja o seu cabelo, é composto por proteína, sua pele, proteína, seus ossos, proteína, músculos, proteína também, unhas, dentes, sangue, células, enzimas, anticorpos e alguns hormônios, tudo feito de proteína.

Estamos construindo e reconstruindo nosso corpo todos os dias, mesmo sem perceber; as células morrem e são repostas, cabelos caem e são repostos, as feridas na pele cicatrizam e quem participa disso tudo? Elas, as proteínas. A qualidade da proteína também é importante. Uma proteína de boa qualidade é aquela que é considerada completa ou equilibrada. Esse tipo de proteína é encontrado principalmente nos alimentos de origem animal como carnes, peixes, ovos, leite e derivados e contém um perfil adequado de aminoácidos, tanto em quantidade quanto em qualidade.

As proteínas de origem vegetal, como a do feijão, são consideradas, na sua maioria, incompletas, pois apresentam a deficiência de um ou mais dos aminoácidos essenciais.

Mas a nossa velha misturinha de arroz com feijão é excelente, porque dessa combinação, arroz + feijão, resulta uma proteína de boa qualidade, a proteína do arroz completa a do feijão e vice-versa.

dica

Quem disse que os *cupcakes* precisam ser doces necessariamente?! Os *cupcakes* originais são doces, é verdade, mas como estamos tratando de mudanças de paradigma e tudo o mais, nada nos impede de fazer esses bolinhos na versão salgada como os dessa receita. Ficam deliciosos, nutritivos e podem ser servidos em qualquer ocasião, com ou sem cobertura, quentes ou frios e fazem sucesso entre adultos e crianças. Esse tipo de bolinho também é uma ótima forma de incrementar a alimentação com proteínas de boa qualidade e ferro, principalmente se forem acompanhados por sucos ricos em vitamina C, como o de laranja, limão, acerola, abacaxi, que ajudam a aumentar a absorção desse mineral presente em alguns alimentos.

Cupcake salgado de arroz com legumes

Rendimento: 5 bolinhos
Calorias: 185 Kcal cada

Ingredientes:

- 2 ovos
- 2 colheres de sopa de óleo de girassol
- ¾ xícara de chá de sobra de arroz cozido
- 1 xícara de chá de legumes crus picados (cenoura, abobrinha, chuchu, abóbora etc.)
- 1 dente de alho
- 2 colheres de sopa de cebola crua picada
- Sal a gosto
- 6 colheres de sopa de farinha de trigo
- 1 colher de sopa de fermento em pó

Preparo:

Bata os ovos, o óleo, o arroz cozido, os legumes picados, o alho, a cebola e o sal no liquidificador por 3 a 5 minutos. Acrescente a farinha e o fermento peneirados e mexa até incorporar bem. Distribua a massa em forminhas para *cupcakes* ou *muffins* e leve ao forno médio preaquecido por 30 minutos ou até que, ao espetá-los com um palito, esse saia limpo. Espere esfriar, enfeite ou não com cobertura para bolo salgado (receitas p. 107) e sirva.

Alimento fonte de energia, proteína, vitaminas, sais minerais e fibras.

Comentário:

Alimentação de crianças pode ser algo muito difícil e trabalhoso de conseguir em se tratando de comida saudável, principalmente no que se refere ao consumo de legumes, verduras, frutas, muitas vezes leite, carne, feijão.

O disfarce de alguns alimentos é um artifício que pode ser utilizado para melhorar sua aceitação pelas crianças ou até mesmo por adultos. No caso das crianças, os pais poderão utilizar essa técnica única e exclusivamente com o intuito de diminuir o seu próprio estresse e ansiedade quanto à alimentação do filho, pois, fazendo assim, a criança estará recebendo alimentos antes rejeitados e que são importantes para a nutrição do seu corpo, porém esse artifício NUNCA deverá ser utilizado de forma única para desenvolver o hábito alimentar correto na criança, visto que ela não saberá o que está comendo.

Sou a favor do disfarce de alimentos (como no caso dos *cupcakes* desse livro) DESDE QUE também se ofereça os mesmos alimentos que foram disfarçados em tamanho normal ou, pelo menos, de forma visível e preparados de maneira gostosa para a criança ver, cheirar, pegar, provar, fazer careta, recusar. Todo esse processo faz parte da educação nutricional da criança e esses alimentos devem ser oferecidos de forma visível (ao mesmo tempo que os disfarçados) em TODAS as refeições, TODOS os dias e não só de vez em quando.

A criança precisa saber o nome dos alimentos (tomate é tomate, chuchu é chuchu), o gosto (doce, azedo, amargo, salgado, ácido) e as formas de preparação de que mais gosta em um determinado alimento. Tal fato só será possível se ela já o tiver visto e experimentado. Ela só saberá se gosta ou não de um determinado alimento se o experimentar de 8 a 10 vezes, em dias, preparações, com cortes e temperos diferentes. A criança só desenvolverá o hábito de se alimentar corretamente, estando os pais presentes às refeições ou não, se souber exatamente o que está comendo.

dica

Sabe aquele arroz que sobrou do almoço? Vai jogar fora? Espere! Você pode preparar esse delicioso *cupcake* com as sobras de arroz cozido, aliás, muitas sobras (não confundir com restos, que são os alimentos que foram colocados no prato e não foram consumidos) podem e devem ser reaproveitadas, resultando em menor desperdício de alimentos, maior economia e rendem pratos fáceis, rápidos e muito saborosos. Além de bolos, você poderá reaproveitar o arroz para fazer tortas salgadas, risotos, arroz de forno, o que a sua imaginação ditar.

Cupcake salgado de pescada e pimentão

Ingredientes:

- 2 ovos
- 1 xícara de chá de pescada cozida no vapor sem temperos e picada (250g)
- 1 xícara de chá de pimentão cru picado
- 1 dente de alho
- 2 colheres de sopa de cebola crua picada
- ¾ colher de chá de sal
- 5 colheres de sopa de farinha de trigo
- 1 colher de sopa de fermento em pó

Rendimento: 8 bolinhos
Calorias: 100 Kcal cada

Preparo:

Bata os ovos, o peixe, o pimentão, o alho, a cebola e o sal no liquidificador. Acrescente a farinha e o fermento peneirados e mexa até incorporar bem. Distribua a massa em forminhas para *cupcakes* ou *muffins* e leve ao forno médio preaquecido por 30 minutos ou até que, ao espetá-los com um palito, esse saia limpo. Espere esfriar, enfeite com coberturas salgadas a gosto (receitas p. 107) e sirva.

Comentário 1:

Os peixes sempre são ótimas opções para enriquecer a alimentação com proteína de boa qualidade, gorduras altamente benéficas e outros nutrientes igualmente importantes.

> Alimento fonte de energia, proteína, gorduras benéficas, vitaminas e sais minerais.

Comentário 2:

Os pimentões de todas as cores possuem altos teores de vitaminas e sais minerais importantes para a saúde, como as vitaminas A, C, as dos complexo B e mais de dez tipos de sais minerais diferentes. São ricos em substâncias antioxidantes, principalmente os de cor vermelha; além disso, possuem propriedades antialérgicas e anti-inflamatórias.

dica

Você poderá variar o tipo de peixe dessa receita, poderá aproveitar sobras de peixes já preparados ou cozinhar um filé de peixe no vapor, como nessa receita, ou no micro-ondas, como preferir. Poderá ainda utilizar atum enlatado em água e sal drenado ou sardinhas em molho de tomate, desde que de vez em quando. Quanto ao pimentão, poderá ser substituído por qualquer outro legume ou verdura.

Cupcake salgado de fígado e tomate

Ingredientes:

- 1 ovo
- ½ xícara de chá de fígado de galinha temperado e cozido a gosto, picado
- 2 tomates com casca e sementes
- 1 colher de chá de sal
- 2 colheres de sopa de cebola picada
- Cheiro-verde e tomilho a gosto
- 3 colheres de sopa de farinha de trigo integral
- 3 colheres de sopa de farinha de trigo
- 1 colher de sopa de fermento em pó

Rendimento: 7 bolinhos
Calorias: 87 Kcal cada

Preparo:

Bata o ovo, o fígado de galinha cozido, os tomates, o sal, a cebola, o tomilho e o cheiro-verde no liquidificador por 3 a 5 minutos. Acrescente as farinhas e o fermento peneirados e mexa até incorporar bem. Distribua a massa em forminhas para *cupcakes* ou *muffins* e leve ao forno médio preaquecido por 30 minutos ou até que, ao espetá-los com um palito, esse saia limpo. Espere esfriar, enfeite com coberturas a gosto (receitas p. 107) e sirva.

Alimento fonte de energia, proteína, vitaminas e sais minerais.

Comentário 1:

Fígado de galinha ou de boi são alimentos importantes para a alimentação por serem riquíssimos em ferro e vitamina A, além de ótimas fontes de todos os outros nutrientes necessários a uma boa saúde, exceto algumas vitaminas e fibras.

Utilizados moderadamente e como parte de uma alimentação equilibrada e saudável, previnem e ajudam no tratamento de diversas doenças, entre as quais as anemias.

Comentário 2:

Muitos de nossos problemas de saúde devem-se à ação de formas tóxicas do oxigênio responsáveis por processos que resultam na obstrução de artérias, mau funcionamento do sistema nervoso, envelhecimento celular, problemas articulares, além da transformação de células normais em cancerosas.

Os oxidantes derivam de processos metabólicos normais, como a respiração, ou provêm do ambiente, como os poluentes do ar, pesticidas, fumo, drogas etc.

Esses oxidantes assumem várias formas e aspectos, sendo a mais comum os famigerados radicais livres. Esses radicais livres, quando em excesso, podem atacar o DNA das células, provocando mutações que podem levar ao câncer.

O organismo humano dispõe de sistemas de defesa específicos e substâncias capazes de neutralizar os oxidantes, os antioxidantes. Além desses antioxidantes próprios do corpo, existem aqueles que são obtidos por meio da dieta quando variada, saudável e equilibrada, principalmente quando rica em frutas e hortaliças.

Entre os inúmeros alimentos capazes de combater os radicais livres encontramos o tomate, que está associado à redução do risco de desenvolvimento de muitas doenças crônicas não transmissíveis.

dica

Nessa receita de *cupcake* salgado, você poderá variar entre miúdos de frango ou boi.

Cupcake salgado de milho e manjericão

Rendimento: 4 bolinhos
Calorias: 175 Kcal cada

Ingredientes:

- 1 ovo
- 1 colher de sopa de óleo de milho
- 2 colheres de sopa de leite desnatado
- 3 colheres de sopa de milho em conserva drenado (sem a água da conserva)
- 3 folhas de manjericão fresco
- 2 fatias de queijo minas fresco picadas
- Sal a gosto
- 3 colheres de sopa de amido de milho
- 1 colher de sopa de fermento em pó

Preparo:

Bata todos os ingredientes no liquidificador, menos o fermento em pó, por 5 minutos ou até formar uma massa homogênea. Acrescente o fermento e misture-o à massa sem bater. Distribua a mistura em forminhas para *cupcakes* ou *muffins* e leve ao forno médio preaquecido por 30 minutos ou até que, ao espetá-los com um palito, esse saia limpo. Espere esfriar, enfeite com coberturas a gosto, se preferir (receitas p. 107) e sirva.

Comentário 1:

O milho é um cereal versátil e saboroso, rico em carboidratos, fibras, vitaminas A e do complexo B, ferro, fósforo, potássio e cálcio. É fonte de energia e substituto do arroz, massas, farinhas, outros cereais, tubérculos, raízes e não contém glúten, uma proteína potencialmente alergênica presente no trigo e seus derivados, assim como na aveia, cevada e centeio, e que algumas pessoas não podem ingerir, principalmente as que sofrem de doença celíaca.

Comentário 2:

O manjericão é uma erva aromática com mais de 60 variedades que diferem entre si na aparência e no sabor. É uma planta rica em vitamina K, A e fibras, possui boas quantidades de cálcio, magnésio e potássio. Tem ação anti-inflamatória, ajuda na digestão e pode aliviar dores de cabeça.

Alimento fonte de energia, proteínas, vitaminas, sais minerais e fibras

dica

Outras ervas frescas, que não o manjericão, podem ser utilizadas como opções para diferenciar os sabores e aromas dessa receita, como o alecrim, a salsinha, a hortelã, a erva-cidreira, o tomilho etc.

Coberturas

Existe uma infinidade de receitas para cobertura de *cupcakes* se você pesquisar um pouco, a maior parte delas muito lindas, decorativas, conservam-se muito bem, algumas podem ser congeladas, mas, infelizmente, a maioria delas, se não todas, são incrivelmente calóricas, ricas em gordura, açúcar, corantes, espessantes, conservantes etc., resumindo, nem um pouco saudáveis.

Para dar a você mais opções para enfeitar seus bolinhos de uma forma mais saudável, aqui estão algumas sugestões de coberturas doces e salgadas.

Purê de batata-doce

Ingredientes:
- 1/2 Kg de batatas-doces cozidas
- 6 colheres de sopa de açúcar

Preparo:
Amasse bem as batatas com um garfo ou passe-as pelo espremedor de batatas, acrescente o açúcar e bata na batedeira de bolo para deixar o purê bem liso. Coloque o purê em um saco de confeitar ou ajeite-o sobre os *cupcakes* como preferir.

Purê doce de batata inglesa

Ingredientes:
- 1/2 Kg de batatas inglesas cozidas
- 8 colheres de sopa de açúcar refinado

Preparo:
Amasse bem as batatas com um garfo ou passe-as pelo espremedor de batatas, acrescente o açúcar e bata na batedeira de bolo para deixar o purê bem liso. Coloque o purê em um saco de confeitar ou ajeite-o sobre os *cupcakes* como preferir.

Purê doce de batata e cenoura

Ingredientes:

- ✓ 1/2 Kg de batatas inglesas cozidas
- ✓ 4 colheres de sopa de suco de cenoura (extraído por centrífuga ou extrator de suco)
- ✓ 8 colheres de sopa de açúcar

Preparo:

Amasse bem as batatas com um garfo ou passe-as pelo espremedor de batatas, acrescente o suco, o açúcar e bata na batedeira de bolo para deixar o purê bem liso. Coloque-o em um saco de confeitar ou ajeite-o sobre os *cupcakes* como preferir.

Purê de batata e mandioquinha

Ingredientes:

- ✓ 1/2 Kg de batatas inglesas cozidas
- ✓ 4 colheres de sopa de mandioquinha cozida no vapor
- ✓ 8 colheres de sopa de açúcar

Preparo:

Amasse bem as batatas e a mandioquinha com um garfo ou passe-as pelo espremedor de batatas, acrescente o açúcar e bata na batedeira de bolo para deixar o purê bem liso. Coloque-o em um saco de confeitar ou ajeite-o sobre os *cupcakes* como preferir.

Purê de batata e beterraba

Ingredientes:
- ✓ 1/2 Kg de batatas-doces cozidas
- ✓ 3 colheres de sopa de suco de beterraba (extraído por centrífuga ou extrator de suco)
- ✓ 8 colheres de sopa de açúcar

Preparo:
Amasse bem as batatas com um garfo ou passe-as pelo espremedor de batatas, acrescente o suco, o açúcar e bata na batedeira de bolo para deixar o purê bem liso. Coloque-o em um saco de confeitar ou ajeite-o sobre os *cupcakes* como preferir.

Purê de batata com agrião

Ingredientes:
- ✓ 1/2 Kg de batatas-doces cozidas
- ✓ 1 xícara de chá de agrião cru
- ✓ 4 colheres de sopa de água
- ✓ 7 colheres de sopa de açúcar

Preparo:
Amasse bem as batatas com um garfo ou passe-as pelo espremedor de batatas. À parte, bata no liquidificador o agrião e a água, coe se achar necessário, e acrescente esse suco e o açúcar às batatas amassadas e bata na batedeira de bolo para deixar um purê bem liso. Coloque o purê em um saco de confeitar ou ajeite-o sobre os *cupcakes* como preferir.

Purê de batata-doce com chocolate

Ingredientes:
- 1/2 Kg de batatas-doces cozidas
- 5 colheres de sopa de açúcar
- 2 colheres de chocolate em pó

Preparo:
Amasse bem as batatas com um garfo ou passe-as pelo espremedor de batatas, acrescente o açúcar e o chocolate em pó às batatas amassadas e bata na batedeira de bolo para deixar um purê bem liso. Coloque o purê em um saco de confeitar ou ajeite-o sobre os *cupcakes* como preferir.

Cream cheese doce

Ingredientes:
- 1 pote de 150 g de *cream cheese light*
- 4 colheres de sopa de açúcar refinado

Preparo:
Bata os ingredientes na batedeira de bolo até formar um glacê homogêneo.

Cream cheese com açúcar mascavo

Ingredientes:
- 1 pote de 150 g de *cream cheese light*
- 4 1/2 colheres de sopa de açúcar mascavo

Preparo:
Bata os ingredientes na batedeira de bolo até formar um glacê homogêneo

Cream cheese com chocolate

Ingredientes:
- 1 pote de 150 g de *cream cheese light*
- 1 colher de sopa de margarina *light* derretida
- 3 1/2 colheres de sopa de açúcar mascavo
- 3 colheres de sopa de chocolate em pó

Preparo:
Bata os ingredientes na batedeira de bolo até formar um glacê homogêneo.

Ricota doce

Ingredientes:
- 3 colheres de sopa de ricota cremosa *light*
- 2 colheres de sopa de açúcar de confeiteiro
- 1 colher de chá de essência de baunilha

Preparo:
Bata os ingredientes na batedeira de bolo até formar um glacê homogêneo

Iogurte natural com mel

Ingredientes:
- 2 copos de iogurte natural desnatado
- 4 colheres de sopa de mel

Preparo:
Despeje os copos de iogurte natural sobre um pano de algodão limpo e deixe escorrer todo o soro de um dia para o outro dentro de um recipiente alto (jarra, panela etc.) na geladeira. À massa que ficar retida no pano, acrescente o mel, misture bem e está pronto.

Purê de castanhas

Ingredientes:
- ✓ 1 ½ xícara de chá de castanhas e nozes diversas
- ✓ 3 xícaras de chá de água
- ✓ ½ xícara de chá de açúcar mascavo
- ✓ ½ xícara de chá de leite desnatado

Preparo:
Cozinhe as castanhas e nozes com a água até que esta seque. Bata o açúcar, o leite e as castanhas e nozes cozidas no liquidificador até obter um creme bem espesso e grumoso. Enfeite os *cupcakes* com esse glacê e cubra-o com frutas picadas, frutas secas ou alguns confeitos.

Geleia de fruta

Ingredientes:
- ✓ 2 xícaras de chá de morangos picados
- ✓ 1 pera madura descascada e ralada
- ✓ 4 colheres de sopa de mel

Preparo:
Em uma panela, junte todos os ingredientes e deixe cozinhar até apurar bem. Bata tudo no liquidificador, espere esfriar e está pronta a geleia para cobrir os *cupcakes*.

Doce de leite em pó

Ingredientes:
- ✓ 1 lata de leite em pó
- ✓ 2 xícaras de chá de açúcar refinado
- ✓ 170 ml de leite de coco *light*

Preparo:
Misture todos os ingredientes e enfeite com a massa formada os bolinhos como preferir.

OBS.: Você poderá dar a essa cobertura a consistência que desejar, basta acrescentar mais ou menos leite de coco ou mesmo água, se preferir.

Doce de abóbora

Ingredientes:
- ✓ 2 xícaras de abóbora madura ralada
- ✓ 1 1/2 xícara de chá de açúcar mascavo
- ✓ 3 cravos-da-índia
- ✓ ½ xícara de chá de coco ralado sem adição de açúcar

Preparo:
Misture a abóbora, o açúcar e os cravos-da-índia, leve tudo ao fogo e deixe cozinhar até apurar bem. Depois de pronto, acrescente o coco ralado, misture bem, espere esfriar e cubra os *cupcakes* com esse doce, decorando-os como preferir.

Fruta em calda

Ingredientes:
- ✓ 2 xícaras de chá de morangos picados
- ✓ 3 colheres de sopa de açúcar

Preparo:
Misture os ingredientes e leve ao forno de micro-ondas por 3 minutos. Espere esfriar e enfeite os *cupcakes*.

Chocolate amargo

Ingredientes:
- ✓ 1 barra de chocolate amargo com mais de 50% de cacau
- ✓ 1 colher de leite condensado (preferencialmente o caseiro)

Preparo:
Derreta a barra de chocolate, colocando-a em um recipiente de vidro e levando-a ao forno micro-ondas por 45 segundos na potência máxima. Mexa delicadamente o chocolate até que fique homogêneo e brilhante, misture a ele o leite condensado e cubra os *cupcakes*.

Suspiro

Ingredientes:
- ✓ 2 claras de ovos
- ✓ 1/2 xícara de chá de mel
- ✓ Raspas da casca de 1 limão

Preparo:
Bata as claras em neve na batedeira de bolo. Acrescente aos poucos o mel ainda com a batedeira ligada até incorporar bem. Espalhe o suspiro sobre os bolinhos recém-saídos do forno, salpique as raspas de limão sobre o suspiro e devolva os bolinhos ao forno bem fraco por 10 minutos.

Cream cheese salgado

Ingredientes:
- ✓ 1 pote de 150 g de *cream cheese light*
- ✓ 2 colheres de sopa de azeite de oliva extra virgem

Preparo:
Bata os ingredientes na batedeira de bolo até formar um glacê homogêneo e enfeite os *cupcakes* como preferir.

Ricota salgada

Ingredientes:
- 3 colheres de sopa de ricota cremosa *light*
- 1 pitada de sal
- 1 colher de chá de orégano ou qualquer outra erva de sua preferência

Preparo:
Bata os ingredientes na batedeira de bolo até formar um glacê homogêneo e cubra os *cupcakes*.

Iogurte natural e azeite

Ingredientes:
- 2 copos de iogurte natural desnatado
- 2 colheres de sopa de azeite de oliva extra virgem
- Alho desidratado (opcional)

Preparo:
Despeje os copos de iogurte natural sobre um pano de algodão limpo e deixe escorrer todo o soro de um dia para o outro dentro de um recipiente alto (jarra, panela, etc.) na geladeira. À massa que ficar retida no pano, acrescente o azeite e o alho, misture bem e está pronto.

Bibliografia consultada e recomendada:

LOBO, Cláudia. *Comida de criança – ajude seu filho a se alimentar bem sempre.* MG Editores, 2010.

Bom apetite e muita saúde!

www.iconeeditora.com.br